LIDERAZGO BASADO EN LA DISCIPLINA ORGANIZACIONAL Y DIRIGIDO POR LOS RESULTADOS

LIDERAZGO BASADO EN LA DISCIPLINA ORGANIZACIONAL Y DIRIGIDO POR LOS RESULTADOS

DR. JOEL FERNANDO AGUIRRE MILLÁN

Número de Control de la Biblioteca del Congreso de EE. UU.:   2018902971
ISBN: Tapa Dura   978-1-5065-2452-8
                   Tapa Blanda   978-1-5065-2451-1
                   Libro Electrónico   978-1-5065-2450-4

Para realizar pedidos de este libro, contacte con:
Palibrio
1663 Liberty Drive, Suite 200
Bloomington, IN 47403
Gratis desde EE. UU. al 877.407.5847
Gratis desde México al 01.800.288.2243
Gratis desde España al 900.866.949
Desde otro país al +1.812.671.9757
Fax: 01.812.355.1576
ventas@palibrio.com
776293

ÍNDICE

INTRODUCCIÓN

El mundo global exige a las organizaciones mejores productos y servicios, la competitividad de las empresas determina su futuro. Las innovaciones se presentan todos los días tanto en la tecnología como en las mejores prácticas organizacionales. La sociedad demanda a las empresas ser socialmente responsables, los accionistas ponen más atención en respetar y seguir las regulaciones no solo de los países donde se encuentran sino también las regulaciones internacionales. La competencia está más al pendiente de lo que la sociedad necesita y de su respuesta a los cambios. Los empleados por su lado piden mayor seguridad en el trabajo y un empleo con mejores beneficios, claman por un trabajo decente. Debido a esta realidad actual los dirigentes de las organizaciones se preocupan no solo de los resultados sino también de que manera se logran dichos resultados. Cada vez son más las empresas que asignan más recursos para definir y dar a conocer sus políticas y reglamentos, para que los empleados hagan sus tareas apegados a los lineamientos que dicta la empresa, esto es el "*debe hacer*" que cada vez cobra mayor fuerza en el mundo empresarial. En actualidad es tan importante estandarizar la tarea como estandarizar el comportamiento. De allí surge la importancia que tiene en estos tiempos **el liderazgo basado en la disciplina organizacional,** que se integra en tres dimensiones: Disciplina administrativa, disciplina en los procesos y la disciplina tanto en líderes como en los seguidores. En la medida que la disciplina organizacional sea alta, le da certeza a los empresarios y a la sociedad que la empresa y sus trabajadores están haciendo su trabajo correctamente y con un buen comportamiento. Estos tres tipos de disciplina tienen relación directa y si alguno de ellos no está presente seguramente los resultados no serán los esperados ni los óptimos. Problemas de todo tipo aparecerán en la cadena de suministros, en los procesos productivos y en la cadena de agregar valor. Sin dejar de lado los graves conflictos interpersonales que luego se vuelven problemas entre departamentos que detienen o retrasan la solución de los problemas y reducen la posibilidad de lograr el 100% de los objetivos de la empresa.

Es conveniente que las empresas definan su visión, que representa el qué quieren llegar a ser; Su misión que dice el cómo lo va a lograr; Los valores que son importantes para la compañía, así como también sus políticas y reglamentos, ya que necesitan de un sistema que regule tanto el ser como el hacer, es decir el comportamiento. Para que líderes y seguidores tengan una guía de cómo desarrollar la disciplina necesaria en el trabajo al enfrentar un mercado con cambios y retos globales.

Ya que los empleados hacen su tarea en base a su experiencia, apoyados en los procedimientos y mejores prácticas de la empresa, tanto en proceso productivos y administrativos, y con los recursos disponibles para lograr sus objetivos, es necesario que las compañías cuenten con una estructura para el buen uso de sus recursos, y con sistemas que mantengan a todos los líderes y seguidores enfocados a desarrollar su disciplina, utilizando procesos que cumplan con las características necesarias que exijan acciones disciplinadas que fortalezcan y obliguen a tanto a líderes como seguidores a realizar su tarea con mayor disciplina en su comportamiento individual y administrativo. Con la finalidad de que los objetivos se logren y puedan cumplir con las expectativas de los clientes y las exigencias de sociedad y gobierno.

La disciplina organizacional depende del liderazgo basado en la disciplina, ya que desarrolla a líderes capaces de ejecutar la estrategia de la empresa, enfocados en *"el hacer"* y *"el ser"*. En el hacer por que capacita a líderes y seguidores de cómo deben realizar su tarea diaria para el logro de sus objetivos. Y en el ser porque se basa en los valores, en la madurez emocional y en la fuerza de voluntad tanto de líderes como seguidores.

En el trabajo siempre se tienen cosas importantes y urgentes por hacer, comúnmente se realiza lo urgente, que es lo que debe quedar listo el día de hoy, dejando de lado lo importante, que es aquello que debemos hacer para fortalecer la estrategia de la empresa. Pero para realizar las tareas que demanda la ejecución de la estrategia se requiere de líderes disciplinados con fuerza de voluntad que a diario hagan las acciones necesarias para cumplir con los objetivos de la empresa. Es necesario tener líderes disciplinados que controlen sus emociones y no se pierdan en la problemática del día a día; líderes que controlen el estrés, que cuiden su salud y al mismo tiempo que no generen conflictos interpersonales en sus equipos de trabajo, ya que un equipo sano, unido y motivado da mejores resultados.

Los líderes disciplinados deben reaccionar en base a los resultados, gestionan los recursos que su equipo de trabajo requiere para realizar su trabajo y se asegura que cada miembro de equipo conozca su tarea para el logro de objetivos.

CAPÍTULO I

La disciplina en la historia

Explica Díaz (1992) que el establecimiento de la disciplina, aún en el caso de la que se manifiesta de manera consciente, requiere de un conjunto de normas coercitivas que coadyuve a su materialización. Resulta inconcebible cualquier proyecto o actividad sin normas a cumplir. El trabajo del hombre, no escapa de ninguna manera a esta regla y la humanidad en su desarrollo ha conocido distintas formaciones económico-sociales, cada una de ellas presenta rasgos específicos que pueden engrosar dos grandes grupos: las que se sustentan en la propiedad privada de los medios de producción y las que tienen como fundamento la propiedad social sobre estos medios. Esta cualidad hace que por encima de las especificidades de cada período histórico, pueda establecerse una realidad inobjetable: en las formaciones basadas en la propiedad privada, la disciplina a observar es la impuesta por la minoría dueña de los medios de producción, mientras que en las formaciones construidas sobre la propiedad colectiva, la disciplina es la establecida por la mayoría de los miembros de la sociedad.

Desde la comunidad primitiva, primera formación económica social de la humanidad, la disciplina ha sido una condición en la vida que ha hecho posible orientar las acciones individuales en aras de un fin colectivo. Como en la prehistoria, también conocida como la edad de piedra donde no existía la imagen de gobierno entre las pequeñas agrupaciones nómadas, es decir, no había un ente detentando autoridad, se puede observar que existía disciplina en sus tareas diarias. En esta época los humanos solo poseían lo que podían cargar, tanto los instrumentos primitivos de trabajo como el producto de su trabajo eran del colectivo. Aun cuando el hombre dominaba a la mujer por la diferencia de la fuerza física, había una preocupación y cooperación mutua, ya que se necesitaban para sobrevivir. Las tareas eran repartidas en las que le correspondían al hombre y las que eran propias de la mujer. El hombre se iba de cacería y la mujer se quedaba en las cuervas recolectando frutos, raíces y hojas, además de cuidar a la familia. El ritmo de trabajo solo lo marcaba la luz del día. La mayoría de las actividades se hacían durante el día y se descansaba y se resguardaban durante la noche. Cuando el hombre domina el fuego, puede iluminar los espacios donde se encuentra y le permite seguir con algunas actividades durante la noche.

Evolución de la disciplina en las diferentes teorías administrativas

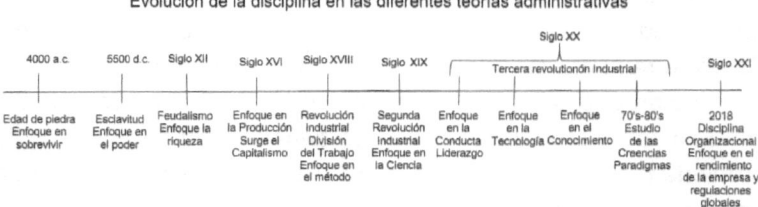

Fig. 1.1. Evolución de la disciplina en las principales teorías administrativas

En la **edad Antigua** tras la descomposición del régimen de la comunidad primitiva, surge la propiedad privada de los medios de producción. Se establecen pequeñas aldeas, debido al desarrollo de la agricultura, la fabricación de herramientas metálicas, el cultivo de la tierra utilizando la fuerza de animales y de seres humanos y la construcción de grandes obras surge una nueva institución, la **esclavitud.** Fue de las primeras formas en que los hombres se organizaron para producir, distribuir y consumir los bienes para satisfacer sus necesidades. Fue la manera de dividir el trabajo físico del trabajo intelectual. Siendo la producción esclavista la primera forma de organización social, política y económica. Este sistema, estaba basado en la sociedad entre el esclavista que era el Amo o Señor y el esclavo. El Amo era dueño del esclavo y disponía de su trabajo y su vida, era tal la explotación desmedida que los esclavos tenían una vida muy corta. El esclavo no tenía derecho alguno, razón por la cual el esclavo no estaba interesado en su trabajo y su productividad era muy baja. El amo daba órdenes al esclavo, el esclavo obedecía pero sin cobrar nada a cambio. El **ritmo de trabajo lo marcaba el látigo**. Herramienta utilizada para golpear al esclavo para forzarlo a hacer su trabajo más rápido. Otro elemento desfavorable para el esclavo eran las herramientas primitivas que utilizaban, ya que requerían de una fuerza motriz en gran medida aplicada por el esfuerzo humano, el del esclavo mismo.

Ya en la edad media surge el modo feudal de producción al debilitarse los gobiernos de la monarquías ante las revelaciones de los más débiles y agotarse la fuente de esclavos, el esclavismo entró en periodo de crisis. Otra forma de organización social y política, que se basa en las relaciones entre los vasallos o ciervos y los señores feudales. El señor feudal protegido por el gobierno es la persona que posee tierras y riquezas. Mediante contratos se regulaban los compromisos entre ambas partes. El señor feudal estaba obligado a respetar la vida del ciervo, a darle protección en momentos de necesidad y de guerra, mientras que el ciervo hombre libre se colocaba bajo la protección del señor feudal a quien servía y respetaba a cambio de ser dueño de una porción de tierra, y con el esfuerzo de su trabajo y su familia les permitía tener sustento para un mejor vivir y además asegurar alimento para la nobleza. Es por ello que el ciervo tenía interés en su trabajo y se esforzaba para producir lo suficiente. Su **ritmo de trabajo** lo determina él mismo, derivado de sus propios intereses y necesidades.

Con el tiempo nace el capitalismo el inicio de la **edad moderna**, donde la clase social más alta es la burguesía capitalista dueña de la mayoría de los bienes de producción con un interés firme de incrementar su riqueza por medio de la venta de su producción o servicios dentro de un mercado libre que definía el valor de la producción de la siguiente manera. El trabajador recibe una retribución por cumplir con una labor, los capitalistas le compran al trabajador el esfuerzo de su trabajo a cambio de un salario y ciertos beneficios y no bajo una exigencia que obligue a las personas a trabajar. En esta relación del capitalista o patrón y el trabajador, el gobierno tiene una inferencia para regular y vigilar que ambas partes cumplan con los contratos laborales donde se refiere a que se comprometen dar y están obligados a realizar. Es en los contratos laborales donde se definen horario de trabajos y la tarea a realizar, donde el empleado se compromete a realizar la tarea de acuerdo a los lineamientos de la empresa, que determina el ritmo de trabajo al cual se debe sujetar el empleado para cumplir con la productividad esperada.

En la sociedad feudal, al igual que en la esclavitud existía la disciplina del amo, establecida mediante la coerción física, aunque en sus formas se diferenciaban una de otra.

En el capitalismo la violencia directa fue suplida por la coerción económica en la que cada trabajador está obligado a someterse a la disciplina del capital bajo la amenaza del despido y la pérdida de la fuente de medio de subsistencia. En estas condiciones el trabajador solo dispone para la subsistencia de la venta de su fuerza de trabajo.

El obrero, en comparación con el esclavo y el siervo, tiene responsabilidad jurídica para elegir el dueño que le comprará su fuerza de trabajo, al respecto, en su obra "Trabajo asalariado y capital", Carlos Marx (2014) expresó: "El obrero, en cuanto quiera, puede dejar al capitalista a que se ha alquilado y el capitalista le despide cuando se le antoja, cuando ya no le sea provecho alguno o no le saca el provecho que había calculado. Pero el obrero cuya única fuente de ingreso es la venta de su fuerza de trabajo, no puede desprenderse de toda la clase de los compradores, es decir de la clase de los capitalistas, sin renunciar a su existencia. No pertenece a tal o cual capitalista, sino a la clase capitalista en conjunto, y es incumbencia suya encontrar quien lo quiera, es decir encontrar dentro de esta clase capitalista un comprador".

En el socialismo los mecanismos para alcanzar la disciplina en el trabajo no pueden ser los mismos utilizados por el capitalismo, pues en el socialismo todo ciudadano como trabajador debe contar con la seguridad adecuada en el empleo y demás beneficios y reconocimientos morales y materiales derivados de esa condición.

Como puede ver en la historia el tiempo, el trabajo y la disciplina han formado parte esencial de las luchas entre el trabajo y el capital, y han sido cruciales en los procesos de cambio social.

De acuerdo a Valdez (1988) **el reloj fue uno de los primeros artefactos que sirvió también para medir y regular las normas de trabajo.** En un momento dado a los trabajadores se les pagaba por pieza (por zapatos o por tarea), o por el tiempo que empleaban en hacer una tarea. Pero se desconocía cual era el tiempo que se necesitaba para hacer una tarea (producir un zapato, desyerbar un predio, sembrar varias hectáreas). Esto se resolvió con las prácticas **Tayloristas de estudiar los movimientos** y cronometrar las tareas.

Para Carl Marx el trabajo es, en primer término, un proceso entre la naturaleza y el hombre, proceso en que éste realiza, regula y controla mediante su propia acción su intercambio de materias con la naturaleza. En este proceso, el hombre se enfrenta como un poder natural con la materia de la naturaleza. Pone en acción las fuerzas naturales que forman su corporeidad, los brazos y las piernas, la cabeza y la mano, para de ese modo asimilarse, bajo una forma útil para su propia vida, las materias que la naturaleza le brinda. Y a la par que de ese modo actúa sobre la naturaleza exterior a él y la transforma, transforma su propia naturaleza, desarrollando las potencias que dormitan en él y sometiendo el juego de sus fuerzas a su propia disciplina.

Pero para producir mercancías y plusvalía de forma continua y racional el capitalismo necesita de una ética y disciplina de trabajo que engrane con los mecanismos del reloj (que antes no eran digitales si no mecánicos), y con los dientes de las ruedas de la maquinaria fabril.

Para implantar una economía del tiempo y una rigurosidad en el uso del mismo por parte de los trabajadores, se ordenó al monitor y al vigilante de la fábrica que mantuvieran una hoja de horas para cada jornalero, anotadas al minuto, con "venida" y "escapada", solo por **el reloj del monitor**, y no por los relojes de bolsillos de los trabajadores. De hecho, aquí se manifiesta una de las primeras contiendas por el tiempo: los patronos les quitaban los relojes a los trabajadores, no mostraban el suyo, adelantaban o atrasaban los relojes a su conveniencia, y hasta alteraban sus mecanismos en su beneficio.

Vigilantes, castigos, penalidades y multas para quienes violentaran los horarios formaban parte de este panorama industrial obcecado con el tiempo y la disciplina. Michel Foucault ha estudiado esto en las instituciones, como las cárceles, donde la disciplina y el ojo panóptico del estado mantienen una vigilancia sobre los sujetos, a quienes castiga cuando se salen del universo de las reglas.

Tampoco puede confiarse la observancia y exigencia de la disciplina sólo a mecanismos administrativos o a resortes de estimulación económica. La problemática de la disciplina laboral requiere la atención, análisis y evaluación sistemáticos en el seno de las empresas y demás entidades laborales, órganos y organismos, con un enfoque integral de dicha problemática dada su incidencia en el desarrollo social.

En cuanto a la disciplina militar se tiene que

En la milicia se reconoce a la disciplina como una de las principales fuerzas de los ejércitos, como está estipulado en el

Reglamento General de los Deberes Militares (1937) de México, donde claramente se expone que la disciplina es la norma a la que lo militares deben sujetar su conducta; tiene como bases la obediencia y un alto concepto de honor, de la justicia y de la moral, y por objeto, el fiel y exacto cumplimiento de los deberes que prescriben las Leyes y Reglamentos Militares. El interés del servicio exige que la disciplina sea firme, pero al mismo tiempo razonada. Todo rigor innecesario, todo castigo no determinado por las leyes o reglamentos que sea susceptible de producir un sentimiento contrario al del cumplimiento del deber, toda palabra, todo acto, todo ademán ofensivos, así como las exigencias que sobrepasen las necesidades o conveniencias del servicio y en general todo lo que constituya una extralimitación por parte del superior hacia sus subalternos, están estrictamente prohibidos y serán severamente castigados.

El principio vital de la disciplina es el deber de obediencia. Todo militar debe tener presente que tan noble es mandar como obedecer y que mandará mejor quien mejor sepa obedecer. Similar a lo que decía Aristóteles "un principio comúnmente aceptado que hay que obedecer para poder ordenar bien". Por otro lado, George Washington solía decir que "la disciplina es el alma de un ejército, hace formidable a un pequeño grupo, le da fuerza a los débiles y sube la autoestima de todos."

Durante la Administración Clásica

Henry Fayol en Francia publicó en 1916 el libro "Administración gerencial e industrial", pero esta obra fue traducida al inglés hasta 1930, y difundida hasta 1949. En esta obra Fayol edita una exposición completa sobre la teoría de la administración general, en la que estableció los 14 principios de administración siguientes: 1. División del trabajo; 2. Autoridad; 3. Disciplina; 4. Unidad de mando; 5. Unidad de dirección; 6. Subordinación del interés individual al interés general; 7. Remuneración; 8. Centralización; 9.

Cadena de superiores; 10. Orden; 11. Equidad; 12. Estabilidad en el trabajo; 13. Iniciativa; 14. Espíritu de trabajo. Con estos elementos administrativos Fayol fue probablemente el primero en delinear las funciones de administración. Fayol las clasificó en planeación, organización, mando, coordinación y control. Puso mayor énfasis en la planeación y la organización (Rue y Byars, 2007).

Explica Gaynor (1997) que en la disciplina tercer principio administrativo de Fayol, los miembros de una organización tienen que respetar las reglas y convenios que gobiernan la empresa. Esto será el resultado de un buen liderazgo en todos los niveles, de acuerdos equitativos (tales disposiciones para recompensar el rendimiento superior) y sanciones para las infracciones, aplicadas con justicia.

Al considerar la disciplina como "respeto por acuerdos que están dirigidos a obtener obediencia, aplicación, energía y las características exteriores de respeto", Fayol declara que la disciplina requiere buenos superiores en todos los niveles. Cuando Fayol describe a la disciplina diciendo que cada miembro de la organización debe respetar las reglas de la empresa, como también los acuerdo de convivencia de ella. Un buen liderazgo es fundamental para lograr acuerdos justos en disputas y la correcta aplicación de sanciones. Fayol menciona las dos implicancias de la disciplina, que tienen que ver con la obediencia hacia las órdenes por parte de los subordinados y el compromiso de los superiores de un correcto liderazgo. La disciplina es el resultado de "acuerdos" entre la empresa y su personal, siendo en muchos casos el resultado de "distintos acuerdos". Fayol tiene en cuenta un concepto muy importante en cuanto a la disciplina que va un paso más allá del concepto de disciplina tomado de una institución militar. En estas instituciones "la disciplina constituye la fuerza fundamental de las fuerzas"; Fayol prefiere combinar esta concepción con: "Disciplina es lo que los líderes pueden hacer de ella, que encuentran sus fortalezas en los valores de éstos mismos líderes". Es evidente que si los líderes no tienen definidos sus valores no tendrán una guía de la cual dependa su comportamiento, para ser ejemplo de sus seguidores.

En cambio Robbins y Coulter (1996) explican que cuando el desempeño de un empleado no se mantiene o si ignora las normas y reglamentos de la organización el gerente debe emplear la disciplina para controlar el mal comportamiento tomando acciones para imponer dichas normas. Ejemplo claro de la aplicación de la disciplina correctiva.

Para el Sistema de Producción Toyota o Manufactura esbelta

Desde un punto de vista americano Mann (2005) menciona que el sistema de manufactura esbelta consiste de disciplina, prácticas diarias y herramientas para mantener un interés intenso enfocado en los procesos. Para comprender mejor lo que es la manufactura esbelta tenemos que Nievel y Freivalds (2009) describen a la manufactura esbelta como una de las prácticas modernas de administración que tienen como propósito primordial mejorar la productividad y la reducción de los costos mediante la aplicación del sistema de administración científica de Taylor y la línea de ensamblado en masa de Ford. A este sistema se le conoce hoy en día como el Sistema de Producción Toyota, ya que fue desarrollado por Toyota Motor Corporation, por el interés de elaborar un proceso de manufactura estricto y eficiente basado en métodos que mantuvieran la participación activa del trabajador. Toyota determinó que sería peligroso seguir el sistema de producción en masa, que funcionaba en tiempo de alto crecimiento, pero no de igual manera en épocas de menor crecimiento, por lo que era necesario poner atención a la reducción del desperdicio, la disminución de costos y el incremento de la eficiencia.

Por otro lado, Mann (2005) describe a la producción de manufactura esbelta como un sistema que está basado en el sistema de producción Toyota y ha probado ser una manera exitosa de organizar operaciones de producción. Este sistema está basado en la disciplina de llevar a cabo prácticas diarias, utilizando herramientas que permiten de manera persistente enfocarse en los procesos. Es un enfoque de hacer mejoras poco a poco en el proceso, hasta llegar a convertirse en un hábito de hacer el trabajo. David Mann considera que para crear una cultura de manufactura esbelta es necesario desarrollar sus principales elementos, que son liderazgo, trabajo estándar, controles visuales, responsabilidad en los procesos diarios y la disciplina.

Para Nievel y Freivalds (2009) el corolario de los primeros siete desperdicios descritos es el sistema de las 5S. Método que permite reducir el desperdicio y optimizar la productividad al mantener el sitio de trabajo ordenado y el uso de los métodos de trabajo consistentes. Imai (1998) describe a las 5S como una metodología utilizada con el propósito de reforzar la cultura de calidad personal, que tiene como objetivo el desarrollar un ambiente de trabajo agradable y eficiente, el cual permita el correcto desempeño de las operaciones diarias, para lograr los estándares de calidad en el producto, precio y tiempos de entrega. Las cinco eses se dividen en dos grupos. En el primer grupo están orientadas a las condiciones de trabajo:

1ª. Clasificación (Seiri): Diferenciar entre elementos necesarios e innecesarios en el lugar de trabajo y desechar estos últimos.
2ª. Organización (Seito): Disponer en forma ordenada todos los elementos que quedan después de clasificar.
3ª. Limpieza (Seiso): Mantener limpias las máquinas y los ambientes de trabajo.

y el segundo grupo de la 5S está orientado a las personas:

4ª. Bienestar personal (Seiketsu): Extender hacia uno mismo el concepto de limpieza y practicar continuamente los tres pasos anteriores

5ª. Disciplina (Shitsuke): Construir autodisciplina y formar el hábito de comprometerse en las 5's mediante el establecimiento de estándares.

Para la manufactura esbelta de acuerdo a Imai (1998) en el programa de 5's se describe a la autodisciplina como a la capacidad de los empleados para acatar normas establecidas y acordadas paso a paso en el trabajo diario. Pero en cambio para Socconini (2008) las 5's es la disciplina para establecer condiciones de orden y limpieza en cualquier área de trabajo.

Para Newstrom (2007) la disciplina es la medida que toma la administración para hacer cumplir las normas organizacionales, mientras que para Luthans (2008) la disciplina tiene que ver con vigilar el cumplimiento de reglas y políticas. Similar a lo que menciona Dessler (2001), el propósito de disciplinar a los empleados es propiciar que se comporten con la sensatez de respetar los reglamentos. De igual manera lo exponen Davis y Newstrom (2003), explicando que la disciplina puede afectar a los individuos de una empresa, ya que es una acción administrativa encaminada a hacer valer los estándares organizacionales. Reforzando lo anterior DeNisi y Griffin (2004) afirman que la disciplina es una acción organizacional llevada a cabo en contra del empleado como resultado de la violación a una regla, un bajo rendimiento o un comportamiento disfuncional. Y para Werther y Davis (2008), también es una acción administrativa que se lleva a cabo para alentar y garantizar el cumplimiento de las normas internas en vigor. Puntos de vista contrario a lo que presenta Baldoni (2007) afirmando que la disciplina es la entereza de la ejecución, no por obligación, sino que debe venir de un sentido de libre albedrío de *quiero hacer esto*. Por otro lado, Srinivasan (2004) menciona que para los japoneses la disciplina se refiere a hacer a un empleado que se conduzca según las reglas o de acuerdo a lo que se le capacitó. Por lo tanto, se puede decir que un empleado es disciplinado si bien utiliza las prácticas de manufactura para realizar su trabajo de acuerdo como se le enseño.

Para el caso del instrumento para medir la disciplina la bibliografía menciona que el área de la disciplina puede producir un fuerte impacto sobre en individuo en la organización (Newstrom, 2007). Reafirmando lo anterior, menciona Srinivasan (2004) que los japoneses integran a la disciplina en el quinto paso del programa de las 5S, para mantener el uso de los cuatro pasos previos. El uso de este programa para los japoneses mejora la seguridad, la eficiencia y productividad en el trabajo.

Menciona Skinner (2013) que la disciplina organizacional se deriva del comportamiento enfocado al uso de los sistemas y que todas las empresas funcionan basadas en sus sistemas tales como un reporte, un procedimiento para realizar un trabajo, una junta, etc. Continua Skinner explicando que las mejores empresas en el mundo viven sus sistemas como si fueran una religión, pero que lamentablemente la mayoría de las empresas son indisciplinadas en el uso de sus sistemas, el comportamiento del personal se ve reflejado en que cosas hacen, como y cuando ellos quieren. Lo mismo opina Turek (2013) que afirma que las empresas con alta disciplina organizacional son más competitivas y líderes en sus mercados. Los dos expertos opinan lo mismo que a mayor disciplina organizacional mejores resultados, pero no dan una medida de cómo las empresas miden su disciplina organizacional. Sin embargo, en un estudio realizado en plantas de manufactura de productos para la construcción, donde se midió la disciplina de los empleados en el uso de las prácticas de manufactura y su productividad, se observó que cuando la disciplina tiene un cambio positivo, la productividad también. El estudio concluye que a mayor disciplina en las prácticas de manufactura mejor productividad laboral (Aguirre, 2013).

Lo que es consistente a la afirmación de Turek y Skineer a mayor disciplina organizacional mejores resultados.

Explica Rodríguez (2005) que las organizaciones pueden ser entendidas como sistemas sociales que tienen la particular característica de condicionar la pertenencia, porque establecen condiciones que deben cumplir quienes deseen ingresar a ellas y ponen condiciones que deben ser satisfechas por todos los miembros, mientras permanezcan en ellas.

Las organizaciones constituyen una forma de construcción de sistema que surge a partir de la coordinación de dos contingencias. Entendiendo que contingente es algo que es como es, pero no tiene por qué serlo. Es decir, es algo no necesario, pero tampoco imposible. En las organizaciones esta doble contingencia se traduce en la contingencia de los reglamentos y normas que la organización ha establecido para regular los comportamientos de los miembros, y en la contingencia de los comportamientos de los miembros. Tanto las reglas como los comportamientos pueden ser diferentes a lo que son, pero el hecho es que no son como son. La organización que funciona en la práctica es la que resulta del acomodo de las reglas y comportamientos: ni las reglas se respetan como se hubiera deseado, ni los miembros se comportan a su entero tamaño.

Mencionan Arvey, Davis y Nelson (1984) que tradicionalmente, los temas de la disciplina y el castigo en las organizaciones han sido desagradables. Sin embargo, es claro que las organizaciones a menudo utilizan la disciplina y otros sistemas de control aversivo para modificar y cambiar el comportamiento y las actitudes de los empleados. Y a pesar de su uso común, la disciplina y el castigo han tenido poca atención por parte de investigadores de las organizaciones. Aunque la investigación en el tratamiento de patologías ha encontrado la disciplina o castigo efectivos para reducir o eliminar el comportamiento indeseable. Algunos investigadores en las organizaciones se han centrado casi exclusivamente en los sistemas de recompensas positivas para modificar y cambiar el comportamiento del empleado. Es momento de examinar el impacto de la disciplina en las organizaciones en el comportamiento de los empleados, la moral, y sobre todo las conductas objetivo, a juicio de la organización. La investigación del uso de la disciplina en una organización es uno de los primeros estudios de investigación de la disciplina y el papel de la disciplina en su relación con otras variables organizacionales y de los empleados. El objetivo fue investigar la percepción de los empleados de la disciplina y la manera que es aplicada en su organización.

Para Robbins (1999) también el disciplinar a los empleados por comportamientos no deseados sólo les dice lo que no deben hacer. No les comunica los comportamientos alternativos que se prefieren. El resultado es que esta forma de castigo lleva frecuentemente a una supresión de corto plazo del comportamiento indeseable en lugar de su eliminación. Ya que el uso continúo del castigo tiende a producir un temor hacia el gerente.

El concepto de la Disciplina

La palabra disciplina según Meyer (2004) se deriva de la palabra disciple, que significa discípulo, definido como persona que subscribe a la enseñanza de un maestro y contribuye a la difusión de lo aprendido.

Para el Merriam-Webster's collegiate diccionario (1993) la disciplina es ser ordenado, una conducta prescrita mantener un patrón de comportamiento.

Y según Gutiérrez (2005) la disciplina es mantener un comportamiento confiable que evite a toda costa que se rompan los procedimientos ya establecidos. Resalta Gutiérrez que solo si logra la autodisciplina y el cumplimiento de las normas y procedimientos se podrá disfrutar de los beneficios que éstos brindan. Afirma que la disciplina es el canal entre las 5S y el mejoramiento continuo.

De acuerdo a Urichuck (2009) la disciplina es un compromiso contigo mismo. Significa hacer lo que tienes que hacer, incluso cuando no quieres hacerlo. La disciplina tiene que ver con una actitud positiva. Es 100% tu control. Es un hábito efectivo. Es un proceso completo que incluye conciencia personal, deseo, determinación, reconocimiento y recompensa.

Desde otro punto de vista Covery (1999) también explicó a la disciplina como el hábito de hacer y cumplir promesas y de respetar los compromisos. La disciplina es la clave para superar la inercia del pasado.

Para Mondy y Noe (2005) la disciplina es el estado de autocontrol y de conducta ordenada de los empleados e indica el grado real de trabajo en equipo en una organización.

Con este mismo enfoque para Chiavenato (2001) la disciplina es la condición que obliga a las personas a comportarse de modo aceptable, según las reglas y procedimientos de la organización. Esto se denomina autodisciplina o autocontrol. El control lo ejercen las propias personas sin necesidad de monitoreo externo. Las personas adaptan su comportamiento a las reglas de la organización. Y la empresa monitorea sus resultados.

Según Collins (2002) en una cultura de disciplina la gente disciplinada no necesita jerarquía y como se tiene un pensamiento disciplinado no es necesaria la burocracia, además como cuanta con acciones disciplinadas no se necesitan controles excesivos.

Y para Diedrich (2007) una cultura de disciplina no se trata de presionar a la gente, se trata de control. Tiene que ver con el autocontrol. Pensamientos disciplinados llevan a acciones disciplinadas. Toda la grandeza donde quiere que este en el deporte, la música, el arte, en los negocios, en el liderazgo, en la ciencia, en la enseñanza o en las ventas es resultado de la disciplina.

Desde un enfoque del liderazgo

Apoyando lo anterior Covey (2005) dice que la disciplina tiene que ver con pagar el precio para traer la visión a la realidad. Es abordar los hechos duros de la realidad y hacer lo que haga falta para que ocurran las cosas. La disciplina surge cuando la visión se une al compromiso.

Según Rohn (2015) la disciplina tiene en sí el potencial de crear futuros milagros. Explica que la disciplina ayuda a buscar riqueza y felicidad. Con el perfeccionamiento de la disciplina se puede alcanzar todos los sueños y aspiraciones. Es el puente entre la idea y el resultado, lo que une la inspiración con la realización. Es lo que se requiere para nadar contra corriente.

Para Martin (2011) la disciplina en los negocios tiene que ver con la implementación de sistemas, procedimientos y procesos que trabajan por si solos. La disciplina involucra establecer estándares y la implementación de esos estándares. Con un procedimiento de operación estándar la consistencia de la calidad se puede mantener. La disciplina es relativa al establecimiento de estándares y al hacer cumplir el procedimiento de operación estándar de manera consistente para lograr los resultados esperados. Por otro lado, la disciplina personal es asociada con trabajados rutinarios que son necesarios para lograr el progreso de manera constante. Es a través de esfuerzos disciplinados, que los resultados finales pueden ser más predecibles. La disciplina en el lugar de trabajo se relaciona con los procesos dentro del sistema.

Aunque la disciplina tiene que ver con la rutina, en realidad la disciplina también puede ser un proceso creativo. La disciplina puede ser la clave para la creación de avances cuando se combina con la aplicación e implementación de un enfoque innovador al proceso y al sistema. Para ser capaz de combinar la disciplina con la innovación, se necesita una mente abierta, dispuesto a experimentar, y centrarse en actividades de alto valor.

Por todo lo anterior Martín concluye que la definición de la disciplina se refiere al establecimiento de estándares, a una implementación consistente de estándares, mantener procesos de calidad y mejorar los procedimientos de operación estándar con la idea de simplificar el crecimiento. La disciplina basada en procedimientos de operación estandarizados creara certeza de crecimiento y mejorar el sistema operativo de la organización en el corto plazo, a mediano y largo plazo. Si una empresa está orientada a los procesos, desde su fundación, el crecimiento puede ser asegurado. La empresa que utiliza el enfoque de un sistema estandarizado no será sometida a la degradación. La degradación dentro de una empresa es a menudo causada por la ausencia de un procedimiento operativo estándar dentro de la organización, ya que la disciplina en los negocios significa llevar sistemáticamente el negocio por los miembros de la organización estrictamente apegados a las normas y los reglamentos. Estos empleados trabajan en equipo con el fin de lograr la misión de la organización, así como la visión, que entienden que los deseos de los individuos y los grupos deben adaptarse a fin de garantizar el éxito organizacional.

Palomino (1995) define a la disciplina laboral conjunto de normas y principios que regulan la correcta relación entre los trabajadores y sus superiores, teniendo como base la relación de interdependencia, el cumplimiento de las órdenes y obligaciones, fundadas en el reconocimiento y el respeto de las personas.

Por otro lado, Hernández (2009) comenta que el objetivo de la disciplina empresarial es desarrollar y mantener reglamentos de trabajo efectivos así como crear y promover relaciones de trabajo armónicas con el personal.

De acuerdo a Adiele (2009) la disciplina en las empresas puede ser vista como una conducta ordenada por los empleados de una organización para cumplir con las reglas y reglamentos, así como las políticas que guían las actividades y el funcionamiento de la organización.

De las definiciones anteriores se concluye que la disciplina se observa en el control de las acciones ordenadas al realizar la tarea definida, utilizando eficientemente los recursos para lograr un objetivo específico en un tiempo determinado con el comportamiento esperado.

La disciplina está en función del control del orden de la tarea, de los recursos, del tiempo, del objetivo y del comportamiento.

No solo se requiere determinar el estándar de la tarea, y estandarizar la tarea a través de un procedimiento también es necesario estandarizar el comportamiento de los empleados y esto se logra controlando la disciplina. El comportamiento esperado es el que requieren los líderes de sus seguidores y el que demanda los seguidores de sus líderes.

Dicho de otro modo, se trata de hacer lo que se debe hacer, en el momento en el que se debe hacer, y con el comportamiento que debe ser.

Liderazgo basado en Disciplina y dirigido por resultados

En los cinco elementos de la cadena de suministros, proveedor, distribuidor, empresa, canal de distribución y clientes el motor principal es el recurso humano. De allí su importancia en el mundo empresarial. De él depende en gran medida el rendimiento y logro de objetivos de las empresas. Al mismo tiempo el recurso humano en las organizaciones está sujeto a variables internas y externas. Reaccionando a dichas variables de manera positiva o negativa para traducir su esfuerzo en pro de los resultados de la empresa. Dentro de las variables internas en relación a las características de las personas se tienen: las emociones, actitudes, valores, capacidad de aprendizaje, percepción del contexto de empresa y de liderazgo entre otras. De las variables externas en relación a las características organizacionales se tienen los sistemas de reconocimiento y consecuencias, procesos de desarrollo, las políticas, reglamentos, el ambiente laboral y la tecnología. Otros agentes externos que enfrena el recurso humano son la familia, el gobierno, la sociedad, condiciones ambientales entre los más destacados.

Explica Fernando D'Alessio (2016) que las personas son el eje fundamental de todo. Para él no hay empresas o productos exitosas hay personas exitosas. Por esta razón las empresas deben de tener un alto compromiso con el desarrollo de las personas, de sus empleados, pero no solo de factores duros o técnicos, sino también de igual manera los factores blandos, donde está la parte interior del ser humano donde salen los rasgos personales que le van a permitir a las personas contribuir más a la organización.

Las personas siempre has sido un elemento muy importante de la producción, antes era solo cantidad de empleados, después eran personas con calidad, derivado de la capacitación y el conocimiento. Ahora las personas deben tener talento. Entendiendo el Talento como el conjunto de conocimientos y habilidades pero con una buena actitud que deben invertirse en búsqueda de los resultados de la organización. Las empresas que desarrollan el talento de su personal están por encima de la que no.

Hay quienes opinan que los empleados talentosos se les deben dejar ser, darles la libertad para que con su creatividad de alguna manera encuentre cosas buenas. Y otra corriente de opinión menciona que a los empleados talentosos se les debe ayudar y dirigir para que esa creatividad impacte en los resultados de la empresa. No sirve para la empresa gente con mucho talento que no lo acupe en pro de la misma empresa. Es menester de los líderes ubicar a las personas en donde mejor desarrollen sus talentos y pueda ayudar a la mejora de resultados.

Los factores blandos como la adaptación al cambio, trabajo en equipo, autocontrol, fuerza de voluntad, disciplina, enfoque, madurez emocional son los elementos blandos que las empresas cada vez más buscan en los candidatos, en los futuros líderes que van a dirigir sus empresas. Y una manera de desarrollar estos factores blandos es a través del desarrollo de la disciplina en el liderazgo de líderes y seguidores. Veamos cómo.

En cuanto a la MOTIVACION Ricardo Pino explica que hay dos tipos de personas, las que todos los días se levantan con las ganas de hacer lo que tienen que hacer y las que no. Estas últimas son las que sufren por levantarse para cumplir con sus obligaciones. Hay empresarios que piensan que la gente tiene que cumplir con sus tareas porque se les paga, pero la realidad es otra. Además de conocer lo que tiene que hacer, necesitan ser motivado. Entendiendo que la motivación es tener una razón para hacer algo, ya sea interna o externa. Las empresas exitosas han encontrado diversas formas de motivar a sus empleados, ya que algunos factores alientan o desalientan a las personas a realizar su trabajo con éxito. En los factores que describió Frederick Herzberg (1959) afirmaba que para motivar a una persona se requerían dos etapas, en la primera etapa es necesario tener buenas condiciones de trabajo, que dependen de la parte administrativa de la empresa. La segunda etapa depende de un buen líder que le enseñe a realizar su trabajo que le explique sus funciones, todo empleado debe ser capacitado para que sepa lo que va hacer. Después de esto las personas están listas para ser motivados dependiendo en gran medida de sus resultados, de su rendimiento en su trabajo, ya que sus resultados van a ser fuente de su motivación. Cuando a las personas les va mal haciendo su tarea, se siente mal y no quieren volver hacerlo, caso contrario cuando las personas les va bien se sienten bien haciendo y por lo que hacen, es claro que quieran repetir la tarea. Las personas evitan el fracaso y buscan el éxito. De allí que la tarea del líder es hacer exitoso a sus seguidores, poniendo metas alcanzables en base de un análisis de los resultados anteriores, de las condiciones del contexto y del desarrollando de las habilidades de su equipo de trabajo, para que sea capaz de lograr el éxito. Aunque a las personas se les ofrezcan bonos para lograr metas inalcanzables no lo van a lograr. Las empresas deben vender un futuro a las personas para mantener la motivación.

Las personas quieren saber que lo que están haciendo contribuye al éxito de la empresa y necesitan que sus esfuerzos sean reconocidos. Ya que están conscientes que sus logros y el reconocimiento de estos mismos por sus líderes es lo que les permitirá tener ascensos a otros puestos con mayores retos que exigirán más responsabilidades y les darán mayores satisfacciones. Es decir, sus logros, el reconocimiento y su crecimiento es lo que los motiva a seguir trabajando en la búsqueda de *"buenos resultados"* de manera constante. Y lo mismo sucede con las empresas, reaccionan en base a resultados, si hay *"malos resultados"* es derivado de una cadena de malas decisiones y acciones incorrectas. Por lo tanto, lo que buscan las empresas es tener la certeza de que van a lograr sus objetivos. Por lo anterior presento el siguiente esquema.

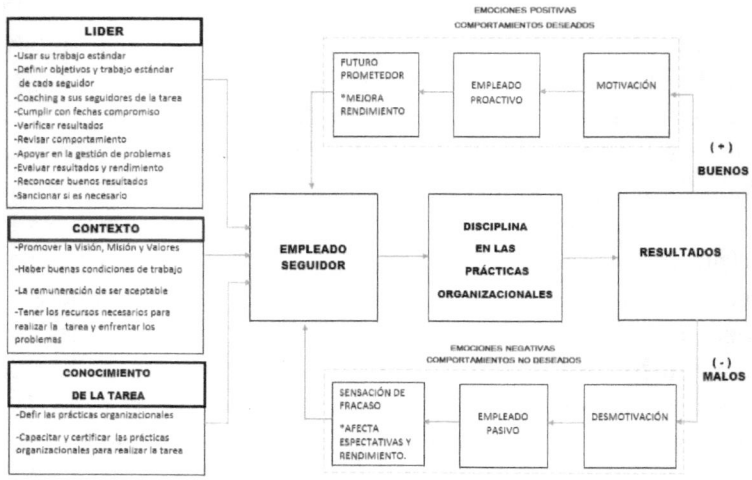

Fig. 1.2. **Liderazgo Basado en Disciplina y dirigido por resultados**

Los *"buenos resultados"* motivan a los empleados, les generan emociones positivas que los llevan a presentar comportamientos deseados por la empresa, con acciones que fortalecen los valores de la empresa. Tales como ser un empleado proactivo que frente a los problemas los observa, los comunica y participa en la solución para tener un mejor rendimiento en su tarea diaria. Estas emociones derivadas de los buenos resultados le permiten al empleado ver un futuro más prometedor tanto para la empresa como para él. Para la empresa logro de resultados y para él seguridad en el trabajo y la oportunidad de crecer en su carrera dentro de la empresa y con ellos mejores beneficios. Caso contrario con los *"malos resultados"*, estos generan en los empleados emociones negativas que los desmotivan y los llevan a presentar comportamientos no deseados por la empresa con acciones que debilitan o van en contra de los valores de la empresa. Se vuelven empleados pasivos que ante los problemas para realizar su tarea diaria no realizan los esfuerzos necesarios para su solución, lo que genera un círculo vicioso, los resultados son malos derivados de los problemas y el nulo esfuerzo de los empleados desmotivados por lo que los *"malos resultados"* se siguen presentando. Observe el siguiente esquema.

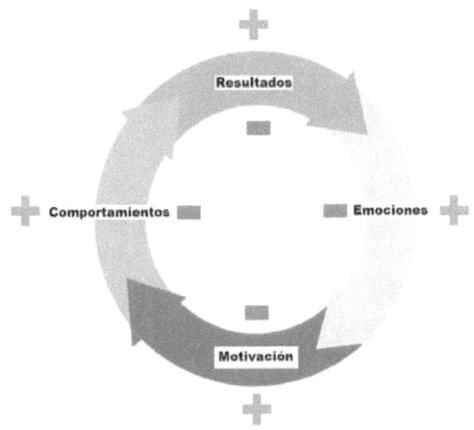

Fig. 1.3. Circulo Virtuoso-Vicioso de los Resultados

Por lo tanto las emociones negativas derivadas de los malos resultados le dan al empleado una sensación de fracaso, ve frente a él un futuro nada prometedor, conflicto con sus jefes por los resultados no logrados, estancamiento en el puesto, posible despido, etc. Por lo que afecta su rendimiento en su tarea diaria. Por estos problemas derivados de los *"malos resultados"* es que los líderes se deben enfocar en el cómo asegurar los "buenos resultados", y es aquí donde la disciplina se convierte en el mejor aliado del líder. Si el líder lleva a cabo acciones disciplinadamente va a desarrollar su autodisciplina que le va permitir transferir ese comportamiento a sus seguidores. Jim Rohn afirmaba que "la disciplina es el conducto entre las metas y los resultados". Para que un empleado, ya sea líder o seguidor tenga buenos resultados debe ser disciplinado a la hora de hacer su trabajo, debe seguir los procedimientos establecidos para dicha tarea. Es decir, paso a paso. Paso 1 y luego paso 2 y así sucesivamente hasta completar la tarea. Todo empleado debe hacer su trabajo como se le capacito. También es muy importante hacer lo que se debe hacer en el momento adecuado, en el tiempo especificado por el mismo procedimiento o la práctica organizacional. Pero para que el empleado pueda hacer su trabajo disciplinadamente se requiere por parte del líder que trabaje en tres aspectos:

1. Su función de líder.

   a. Primero que todo debe tener un trabajo estándar, que en su trabajo diario estén establecidas las acciones que va a estar realizando a diario para el logro de cada uno de sus objetivos. Y llevarlas a cabo al pie de la letra.
   b. Definir los objetivos a su equipo y a cada uno de sus seguidores.
   c. Ser capaz de enseñarle la tarea o trabajo a sus seguidores.
   d. Verificar resultados de sus seguidores
   e. Apoyar en la gestión de problemas y recursos
   f. Revisar comportamiento
   g. Reconocer buenos resultados
   h. Sancionar y retro alimentar cuando sea necesario
   i. Y sobre todo siempre apegarse a los procedimientos o Prácticas Organizacionales

2. El Contexto o medio ambiente.

   a. El líder debe asegurarse que existen buenas condiciones de trabajo
   b. El líder debe estar consiente que empleado considera que tiene una remuneración aceptable por el trabajo que desempeña.
   c. El líder es el responsable de gestionar y proveer los recursos necesarios para realizar la tarea y poder enfrentar los problemas o restricciones.

d. El liderazgo de la empresa debe asegurarse en definir cada uno de los procedimientos o prácticas organizacionales necesarias para el logro de objetivos.

3. Conocimiento de la tarea. Roberth Kiyozaki decía que "la confianza viene de la disciplina y el entrenamiento"

a. El líder debe conocer cada una de las prácticas organizacionales requeridas para que su equipo realice sus tareas con éxito.

b. El líder debe asegurarse que sus seguidores sean capacitados y certificados en las prácticas organizaciones necesarias para realizar su trabajo. El hecho de que el empleado sepa y conozca bien la forma de hacer sus actividades le va a dar confianza al momento de llevarlas a cabo, y esa sensación de seguridad en su conocimiento le va a permitir desarrollar sus habilidades para un mejor desempeño.

c. Otro aspecto importante es el desarrollo de los valores. El empleado debe ser capaz de relacionar los valores de la empresa con los resultados. Debe identificar qué acciones refuerzan los valores e impactan en los resultados. Y el caso contrario debe también identificar qué acciones debilitan los valores.

En el proceso de liderazgo de estos tres elementos radica la fortaleza del líder que permiten tener al empleado en un contexto laboral que le facilita realizar su trabajo y por lo tanto, pueda enfocarse en la manera en que lo hace. Un aspecto importante es el hecho de que cuando se dan los malos resultados es tarea del líder de analizar las razones e identificar cuales acciones o hechos no fueron los correctos para lograr el éxito, y aprender de la experiencia, para sobreponerse replanteando acciones correctivas y dirigir a sus seguidores a volver a intentarlo.

Lograr el éxito no es tarea fácil, no se trata solo de una meta es todo el camino, el proceso que no lleva a logro. Ya que si no se cuentan con los elementos necesario el empleado no va a poder seguir los procedimientos tales y como fueron enseñados. Por ejemplo, una deficiencia en los recursos necesarios para realizar la tarea. Si al empleado al momento de la capacitación se le enseño a realizar su trabajo con ciertas herramientas o maquinaria en buenas condiciones, y al momento que lo ubican a trabajar se encuentra con herramientas desgastadas o la maquinaria mal funcionando, entonces el empleado va a buscar y encontrar nuevas formas de hacer su tarea diferente a como se le capacitó, lo que no asegura el lograr el objetivo. Ahora un ejemplo de un liderazgo deficiente. Si el líder no verifica o audita los resultados, el rendimiento y el comportamiento de sus seguidores va a perder la oportunidad de apoyar en la solución de problemas y gestión de recursos, lo que posiblemente va a llevar a un mal resultado al final del día. Un líder debe estar pendiente de los resultados y consiente de los problemas en el día a día para ser un participante más en el equipo de trabajo en los logros y en los problemas. Para ello el líder debe revisar el resultado de su seguidor, la forma en la que está siguiendo los procedimientos o prácticas organizacionales, es decir, su comportamiento, porque no solo se estandariza la tarea sino también el comportamiento, ya que los buenos comportamientos aseguran un uso eficiente de los recursos. Si el empleado sabe hacer su tarea, se siente observado por su líder y apoyado en sus problemas y además el líder le exige durante las revisiones que realice su trabajo de acuerdo como se le capacitó, todos estos elementos dirigirán la forma de hacer tarea del empleado, e impulsan la disciplina en el trabajo. En conclusión es más factible tener *"buenos resultados"* con líderes y seguidores disciplinados a la hora de realizar su trabajo. Vuelvo a resaltar que es por ello que la disciplina es una amiga muy importante de los líderes y seguidores que se debe practicar a diario para su desarrollo personal y profesional. De acuerdo a Daniel

Goldstein "la autodisciplina es como un musculo que cuanto más se ejercita más se fortalece".

Analizando los cuadrantes de los dos vectores de Resultados y Disciplina seria lo siguiente.

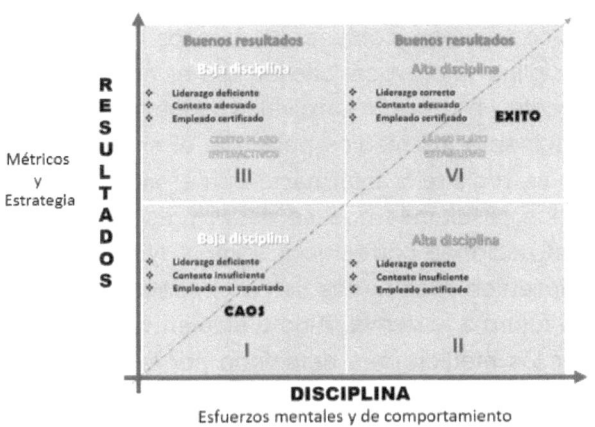

Fig. 1.4. Cuadrantes la Disciplina y Resultados

En el cuadrante de Malos Resultados y Baja Disciplina es derivado de un liderazgo deficiente. En este cuadrante los líderes muestran indisciplina a la hora de realizar su trabajo, seguramente no se guían por un trabajo estándar sino más bien se presentan al trabajo y en lugar de sistemáticamente trabajar en acciones que disminuyan o eliminen los problemas desde la causa raíz y enfocarse en aquellos que afectan en mayor medida los resultados andan como bomberos apagando el fuego generado por los problemas de ese día. Otro aspecto peculiar de este cuadrante es la falta de recursos. La principal razón de este problema es por una comunicación deficiente de los problemas y las necesidades, además de una gestión de recursos insuficiente por parte de los líderes y seguidores. Lo que se vuelve un círculo vicioso

En el cuadrante de Buenos Resultados y Baja Disciplina el problema es que es que estos buenos resultados no van a durar mucho son solo en el corto plazo, no son duraderos, son iterativos, se van a presentar y luego se van a perder, no se van a poder sostener a largo plazo, derivado de la baja disciplina de los empleados, ya sean de los líderes o los seguidores o ambos. En un momento X se pueden tener los recursos necesarios para que se realice la tarea correctamente y para enfrentar los problemas, además tener empleados certificados y obtener los buenos resultados, pero la falta de disciplina va provocar que los líderes no realicen su tarea metódicamente y no revisen los niveles de los recursos, el estado de las máquinas o los medios para que el empleado realice la tarea, o no se registre la información en el momento adecuado como son los problemas que se están presentando y que se generen las acciones correctas a tiempo. No se van a seguir los procedimientos y las tareas se van a realizar a discreción lo que deja el futuro a la deriva. Algo o alguien van a fallar y no se van a tener los medios para detectarlo por la indisciplina en el seguimiento a las prácticas organizacionales.

En el cuadrante de Malos Resultados y Alta Disciplina se presentan las siguientes condiciones. Se cuenta con líderes y seguidores disciplinados, todos los empleados están certificados y realizan la tarea de acuerdo a como se les capacito, pero no se tienen los recursos suficientes en el momento necesario por diversas razones. Como pueden ser falta de recurso económico, apoyo deficiente por parte de los departamentos de servicio, es decir, el equipo que realiza la tarea principal de la empresa enfrenta problemas y tiene necesidades solicita el recurso o el apoyo a los diferentes departamentos y la respuesta no es la esperada, se tardan en reaccionar y lo hacen a destiempo lo que afecta finalmente los resultados. Es una falla derivado de la indisciplina de la parte administrativa de la empresa. La disciplina debe estar presente en todos los departamentos de servicio y áreas de producción, debe ser una cualidad de todos los empleados de empresa.

En el cuadrante de Buenos Resultados y Alta Disciplina se aseguran los resultados en el largo plazo, derivados de un liderazgo disciplinado tanto en la parte operativa como en la administrativa de la empresa. Por lo mismo se cuenta con empleados certificados y los recursos necesarios para enfrentar los problemas y las necesidades en el momento que se requieren. Debido a que se siguen los procedimientos o prácticas organizacionales al pie de la letra y esto permite contar con la información correcta en tiempo para gestionar los recursos requeridos. Además se tiene la seguridad que si algo falla o alguien se equivoca los líderes van a tener la capacidad de detectarlo ya que los líderes disciplinados van a estar realizado auditorias verificando resultados y comportamientos con la intención de retroalimentar y ajustar donde se presenten las deficiencias. Lo que asegurar buenos resultados en largo plazo. Esto se vuelve un círculo virtuoso, los buenos resultados impactan positivamente en los empleados y continúan haciendo la tarea de la manera en que lo están haciendo disciplinadamente por la sencilla razón de que se siente bien, satisfechos, orgullosos de ellos mismo y su trabajo.

Actividad: Autodiagnóstico de la disciplina del Líder.

Instrucciones:

A) Por cada punto que cumpla poner un 1, por cada punto que no cumpla poner un 0 en las columnas de "CUMPLE".

B) Sume las cantidades totales por Nivel y calcule el porcentaje de cumplimiento.

C) Sume la puntuación de cada impulsor de la Disciplina y el resultado regístrelo en la columna de puntuación.

IMPULSOR NÚMERO	NIVEL I	CUMPLE	NIVEL II	CUMPLE	NIVEL III	CUMPLE	PUNTUACION
			LIDER				
1	Tiene trabajo estándar		Utiliza su trabajo estándar		Le auditan su trabajo estándar		
2	Tienen trabajo estándar sus seguidores		Sus seguidores utilizan el trabajo estándar		Audita el trabajo estándar de sus seguidores		
3	Define objetivos diarios a sus seguidores		Verifica los resultados durante el día		Verifica y comunica los resultados finales		
4	Audita el buen uso de las prácticas de manufactura		Lleva a cabo el coaching a sus seguidores cuando es requerido		Verifica que se corrija el mal uso incorrecto de la practica de manufactura		
5	Participa en la gestión de recursos		Se compromete con fechas compromiso		Cumple con sus fechas compromiso		
6	Lleva a cabo procesos de retroalimentación		Llega a acuerdos con su seguidor sobre el comportamiento incorrecto		Observa que se elimine el comportamiento incorrecto		
7	Lleva a cabo procesos de rendimiento de cuentas		Define planes de mejora con su seguidor		Reconoce y/o señala buenos o malos resultados		
	TOTALES						
	PORCENTAJE DE CUMPLIMIENTO						

Instrucciones: De los impulsores de la disciplina que no lleguen al total de 3 puntos, anotarlos en el siguiente cuadro y define las acciones correctivas con su responsable y fecha compromiso.

Impulsor débil	Acciones	Responsable	Fecha Compromiso

Actividad: Autodiagnóstico de la disciplina del Contexto.

Instrucciones:

A) Por cada punto que cumpla poner un 1, por cada punto que no cumpla poner un 0 en las columnas de "CUMPLE".

B) Sume las cantidades totales por Nivel y calcule el porcentaje de cumplimiento.

C) Sume la puntuación de cada impulsor de la Disciplina y el resultado regístrelo en la columna de puntuación.

IMPULSOR NÚMERO	CONTEXTO						
	NIVEL I	CUMPLE	NIVEL II	CUMPLE	NIVEL III	CUMPLE	PUNTUACION
1	Están publicados la visión, misión y valores		Se desarrollan la visión, misión y valores		Se verifica y reconoce el uso de los valores		
2	Se asignan recursos para mantener en buen estado las instalaciones y áreas de trabajo		Se atienden las inquietudes del personal sobre las instalaciones y áreas de trabajo		Se verifica el buen estado de las instalaciones y áreas de trabajo		
3	Se tienen definidos los planes de carrera de cada nivel		Conoce el personal los planes de carrera de cada nivel		Se verifica el cumplimiento de cada nivel del personal		
4	Se cuentan con los recursos necesarios para realizar la tarea y afrontar los problemas		Se atienden las necesidades de los recursos para realizar la tarea		Se verifica el buen uso de los recursos		
5							
	TOTALES						
	PORCENTAJE DE CUMPLIMIENTO						

Instrucciones: De los impulsores de la disciplina que no lleguen al total de 3 puntos, escribirlos en el siguiente cuadro y define las acciones correctivas con su responsable y fecha compromiso.

Impulsor débil	Acciones	Responsable	Fecha Compromiso

Actividad: Autodiagnóstico de la disciplina en el Conocimiento de la Tarea.

Instrucciones:

A) Por cada punto que cumpla poner un 1, por cada punto que no cumpla poner un 0 en las columnas de "CUMPLE".

B) Sume las cantidades totales por Nivel y calcule el porcentaje de cumplimiento.

C) Sume la puntuación de cada impulsor de la Disciplina y el resultado regístrelo en la columna de puntuación.

IMPULSOR NÚMERO	CONOCIMIENTO DE LA TAREA					
	NIVEL I	CUMPLE	NIVEL II	CUMPLE	NIVEL III	CUMPLE	PUNTUACION
1	Se tienen definidas las prácticas de manufactura		Se tienen disponibles las prácticas de manufactura en las areas de trabajo		Se tienen procedimientos para la mejora de las prácticas de manufactura		
2	Se capacita y certifica en las prácticas de manufactura		Se actualizan las prácticas de manufactura según los cambios requeridos		Se tiene evidencia del buen uso de las prácticas de manufactura		
	TOTALES						
	PORCENTAJE DE CUMPLIMIENTO						

Instrucciones: De los impulsores de la disciplina que no lleguen al total de 3 puntos, escribirlos en el siguiente cuadro y define las acciones correctivas con su responsable y fecha compromiso.

Impulsor débil	Acciones	Responsable	Fecha Compromiso

Actividad:

A) Habiendo conocido los Impulsores de la disciplina y los comportamientos que promueven la indisciplina, identifica a la persona de tu equipo de trabajo que consideras que tiene una mayor disciplina y explica por qué.

Nombre de la Persona: _____

Razones: _____

_____

_____

_____

B) Habiendo conocido los Impulsores de la disciplina y los comportamientos que promueven la indisciplina, identifica a la línea de producción o equipo de tu área de trabajo que consideras que tiene una mayor disciplina y explica por qué.

Nombre del Equipo: _____

Razones: _____

_____

_____

_____

C) Habiendo conocido los Impulsores de la disciplina y los comportamientos que promueven la indisciplina, identifica a la práctica organizacional de trabajo que consideras que tiene una mayor disciplina y explica por qué.

Nombre de la Práctica Organizacional: _____

Razones: _____

_____

_____

_____

CAPÍTULO II

Indisciplina

De acuerdo a Valladares (2012), la indisciplina en el trabajo no es sólo la *actitud de rebeldía* abierta y enfrentada contra las órdenes recibidas del empresario en el ejercicio regular de sus funciones directivas, sino también el *acto de incumplimiento, consciente y querido*, de las obligaciones que el contrato de trabajo entraña para el trabajador.

La indisciplina se hace presente cuando no se tienen las condiciones adecuadas para realizar la tarea, y esta se realiza con comportamientos al azar sin dirección y sin orden.

De esta definición se concluye que se requieren tener ciertas condiciones presentes para promover la disciplina. Así como también es necesario exhibir comportamientos adecuados que van en pro de la disciplina, ya que son los comportamientos inadecuados los que debilitan la disciplina y promueven actos indisciplinados. Es decir, la Disciplina es inversamente proporcional a la indisciplina vemos porque.

Habíamos concluido que disciplina es "hacer lo que se debe hacer, en el momento en el que se debe hacer, y con el comportamiento que debe ser", y vemos ahora que la indisciplina es "no hacer lo que se debe hacer". Por lo tanto,

Tenemos que:
La Disciplina = f (Indisciplina)
Y que
la Indisciplina = "no hacer lo que debes hacer" + "hacer lo que no se debe hacer"

Podemos concluir que

Disciplina = $\dfrac{\text{Acciones que se deben hacer}}{\text{Acciones que no se hacen} + \text{Acciones que no se deben hacer}}$

- Si todas las acciones se hacen y no hay acciones sin hacer la disciplina tiende a infinito.
- Y si no hay acciones que se debieron haber hecho la disciplina tiende a cero.
- A medida que crece el numerador o se disminuye el denominador la disciplina aumenta.
- Inversamente a medida que disminuye el numerador y crece el denominador la disciplina disminuye.

Conclusión se trata de incrementar las acciones que se deben hacer y eliminar las acciones de no hacer lo que se debe hacer.

Y si a la formula anterior agregamos el elemento de los Valores

Disciplina = $\dfrac{\text{Acciones que se deben hacer}}{\text{Acciones que no se hacen}}$ * Valores

La Disciplina se potencializa, a medida que los valores son más fuertes en el líder o el seguidor, la disciplina se fortalece aún más.

Porqué las Personas Rompen las Reglas

De acuerdo a Pincott (2015) las personas rompen las reglas por los siguientes cinco factores:

La creatividad. Estudios realizados en la universidad de Harvard descubrieron que la falta de honradez se correlaciona con la creatividad. Encontraron que los empleados redactores y diseñadores son más proclives a romper las reglas que los contadores. Cuanto más creativos seas, más fácil te será justificar una falta.

Prestigio. Los poderosos rompen las reglas, por lo tanto romper las reglas hace que uno parezca más poderoso. En un estudio en el que los sujetos de un grupo jugaban a ganar 50 dólares, los que tenían ingresos anuales de más de 150,000 dólares eran cuatro veces más proclives a hacer trampa de los que ganaban menos de 15,000 dólares al año.

Adhesión. En un grupo de personas que no es mal visto romper las reglas, es muy probable que la mayoría de sus integrantes haga lo mismo. Por ejemplo, si una tribu descarga música pirata, vende cosas robadas o acepta sobornos, es muy probable que todos hagan lo mismo o que encubran a sus compañeros.

Equidad. Cuando las personas se sienten en desventaja son más propensas a hacer trampa.

Autocontrol. Con el tiempo la gente se acostumbra a hacer trampa. Los chicos que hacen trampa en secundaria en los exámenes son tres veces más proclives a mentir e incurrir en engaños. Somos más propensos al engaño cuando estamos hambrientos o cansados. Cuando se firma una declaratoria de decir la verdad al principio y no al final, de un formulario las respuestas son más honestas. Se tienen mejores resultados de honestidad cuando se pide "por favor, no seas tramposo", que "por favor, no hagas trampa", ya que con esta última oración te sientes menos aludido. Pincott termina resumiendo con las palabras de Wallace Stegner "Es una imbecilidad persistente y agravada pretender que uno puede vivir sin reglas."

Porque los Empleados No Hacen lo que Deberían Hacer

Por otro lado, Fournies (1993) explica por qué los empleados no hacen lo que deberían hacer y qué hacer para corregirlo. Presenta diez y seis problemas más comunes, que se pueden clasificar en problemas generados por el no saber, el pensar o creer de manera incorrecta y una administración deficiente. Los tres primeros problemas se refieren **al saber**: *"no saben por qué deberían hacerlo", "no saben cómo hacerlo" y "no saben que es lo que se supone deben hacer".* Estos problemas se deben a un deficiente proceso de capacitación, que le compete a la administración el diseñar e implementar procesos de capacitación efectivos. Por otro lado, los líderes son los responsables de asegurarse que sus seguidores sepan cómo realizar la tarea, además el líder debe ser capaz de instruir a sus seguidores.

En un segundo grupo de problemas refieren a que el empleado tiene **creencias o paradigmas incorrectos** como los siguientes: *"piensan que los métodos de usted no darán resultados", "piensan que los métodos de ellos son mejores", "piensan que hay algo más importante que hacer antes", "para ellos no hay ninguna consecuencia positiva por hacerlo" y "piensan que ya lo están haciendo".* Es responsabilidad directa del líder. El líder debe comunicarse con sus seguidores, definir metas, elaborar el plan para lograr dichos objetivos, dejar en claro la forma de hacer la tarea, determinar que le corresponde hacer a cada uno de los miembros de su equipo, y verificar que cada quien haga su parte, que realicen el trabajo correctamente a tiempo y siguiendo los procedimientos de los procesos que define la empresa. La parte que le corresponde a la administración en este tipo de problemas, es que debe tener un proceso para verificar que los líderes están supervisando, tanto el rendimiento como el comportamiento de sus equipos de trabajo. También la administración debe estar al pendiente de los seguidores, verificando que todos tengan claro sus metas, y que todos los empleados sigan los procesos definidos por la empresa, realizando auditorías a los procesos administrativos y operativos, así mismo contar con procesos de evaluación del rendimiento.

En el tercer grupo de problemas tiene que ver con los **errores y omisiones administrativa y de liderazgo** ya que los empleados por alguna razón incorrecta *"reciben una recompensa por no hacerlo"*, *"reciben un castigo por hacer lo que se supone que deben hacer"*, *"no hay ninguna consecuencia negativa por hacerlo"*, *"los obstáculos están fuera del control de los empleados"*, *"las limitaciones personales de los empleados obstaculizan su rendimiento"* y *"nadie pudo hacerlo"*. Este tipo de problemas le corresponden a la administración, son errores que pueden corregirse. El reconocimiento a los buenos resultados y las consecuencias por bajo rendimiento o mal comportamiento son dos procesos que son importantes para el cumplimiento de objetivos. También la administración y los líderes son responsables de poner a los empleados a realizar trabajos de acuerdo a sus capacidades y habilidades.

En resumen un liderazgo débil, la ausencia de procesos o procesos no respetados y una administración deficiente son los elementos que contribuyen a que los empleados no realicen su tarea.

Con el siguiente ejercicio con su equipo de trabajo usted puede hacer un análisis sobre los problemas que están generando debido a estas deficiencias y definir algunas posibles acciones correctivas de acuerdo a su experiencia y asignar responsables de quien llevará acabo cada acción con fechas compromiso.

Actividad: En su experiencia, explique a su consideración en cada problema generado por el "SABER" y anote un ejemplo de su área de trabajo.

Primer Grupo. Los tres problemas que se generan por el *"SABER"*:

a) "No saben por qué deberían hacerlo"

Ejemplo:

_____

_____

b) "No saben cómo hacerlo"

Ejemplo:

_____

_____

c) "No saben que es lo que se supone deben hacer"

Ejemplo:

_____

_____

¿Qué hacer para corregirlo?

De acuerdo a su experiencia y conocimiento en el siguiente cuadro anote las causas y las acciones correctivas, el nombre de la persona que debe atender el problema y la fecha compromiso de cada uno de sus ejemplos anteriores:

Problema: No saben por qué deberían hacerlo

CAUSAS	ACCIONES	RESPONSABLE	FECHA

Problema: No saben cómo hacerlo.

CAUSAS	ACCIONES	RESPONSABLE	FECHA

Problema: no saben que es lo que se supone deben hacer

CAUSAS	ACCIONES	RESPONSABLE	FECHA

Actividad: En su experiencia, explique a su consideración en cada problema generado por "LAS CREENCIAS O PARADIGMAS INCORRECTOS" anote un ejemplo de su lugar de trabajo.

<u>Segundo Grupo. Los cinco problemas generados por las "CREENCIAS O PARADIGMAS" (mentalidad) incorrectos.</u>

a) "piensan que los métodos de usted no darán resultados".

Ejemplo:

_____

_____

b) "piensan que los métodos de ellos son mejores".

Ejemplo:

_____

_____

c) "piensan que hay algo más importante que hacer antes".

Ejemplo:

_____

_____

d) "para ellos no hay ninguna consecuencia positiva por hacerlo".

Ejemplo:

_____

_____

e) "piensan que ya lo están haciendo".

Ejemplo:

_____

_____

¿Qué hacer para corregirlo?

De acuerdo a su experiencia y conocimiento en el siguiente cuadro anote las causas y acciones correctivas, el nombre de la persona que debe atender el problema y la fecha compromiso de cada uno de sus ejemplos:

Problema: Piensan que los métodos de usted no darán resultados

CAUSAS	ACCIONES	RESPONSABLE	FECHA

Problema: Piensan que los métodos de ellos son mejores

CAUSAS	ACCIONES	RESPONSABLE	FECHA

Problema: piensan que hay algo más importante que hacer antes

CAUSAS	ACCIONES	RESPONSABLE	FECHA

Problema: para ellos no hay ninguna consecuencia positiva por hacerlo

CAUSAS	ACCIONES	RESPONSABLE	FECHA

Problema: piensan que ya lo están haciendo

CAUSAS	ACCIONES	RESPONSABLE	FECHA

¿Por qué los empleados no hacen lo que deberían hacer?

Actividad: En su experiencia, explique a su consideración en cada problema generado por "ERRORES Y OMISIONES ADMINISTRATIVAS Y DE LIDERAZGO" sus causas y anote un ejemplo de su lugar de trabajo.

Tercer Grupo. Los seis problemas generados por ERRORES Y OMISIONES ADMINISTRATIVAS Y DE LIDERAZGO.

    a) "reciben una recompensa por no hacerlo"
       Ejemplo:

_____

_____

    b) "reciben un castigo por hacer lo que se supone que deben hacer"
       Ejemplo:

_____

_____

    c) "no hay ninguna consecuencia negativa por hacerlo"
       Ejemplo:

_____

_____

    d) "los obstáculos están fuera del control de los empleados"
       Ejemplo:

_____

_____

    e) "las limitaciones personales de los empleados obstaculizan su rendimiento"
       Ejemplo:

_____

_____

    f) "nadie pudo hacerlo".
       Ejemplo:

_____

_____

¿Qué hacer para corregirlo?

En el siguiente cuadro anote las acciones correctivas, el nombre de la persona que debe atender el problema y la fecha compromiso de cada uno de sus ejemplos:

Problema: Reciben una recompensa por no hacerlo.

CAUSAS	ACCIONES	RESPONSABLE	FECHA

Problema: Reciben un castigo por hacer lo que se supone que deben hacer

CAUSAS	ACCIONES	RESPONSABLE	FECHA

Problema: No hay ninguna consecuencia negativa por hacerlo

CAUSAS	ACCIONES	RESPONSABLE	FECHA

Problema: Los obstáculos están fuera del control de los empleados

CAUSAS	ACCIONES	RESPONSABLE	FECHA

Problema: Las limitaciones personales de los empleados obstaculizan su rendimiento

CAUSAS	ACCIONES	RESPONSABLE	FECHA

Problema: Nadie pudo hacerlo

CAUSAS	ACCIONES	RESPONSABLE	FECHA

Aspectos que provocan la indisciplina

A continuación se listan una serie de condiciones y comportamientos que alimentan la indisciplina.

De los **Líderes y Seguidores** los comportamientos que promueven la indisciplina son:

Factores Blandos

- Supervisión deficiente
- Ausencia de líderes modelo
- Liderazgo deficiente
- Staff incompetente
- Ser impuntual
- Irresponsabilidad
- Ser flexible
- Postergar lo que se tiene que hacer hoy
- Egocentrismo
- Falta de automotivación
- Descontrol emocional
- No descansar adecuadamente
- Exceso de confianza
- Seguir el mal ejemplo, dejarse influenciar
- Tratar de justificar el mal comportamiento
- Falta de esfuerzo sostenido
- Fuerza de voluntad débil
- Pobre sentido de urgencia
- No respetar los reglamentos, políticas, normas, etc.
- Trabajar sin tomar en cuenta los valores de la empresa

Lineamientos

- Falta de claridad de objetivos
- Falta de normas y reglas

- Mala comunicación de las normas y reglas
- No tener valores de la empresa definidos
- No tener mecanismos para desarrollar los valores de la empresa
- No tener un plan de trabajo
- Trabajar sin objetivos diarios
- Falta de objetivos a corto, mediano y largo plazo

De la empresa los comportamientos y condiciones que promueven la indisciplina son:

De Gestión

- Falta de planeación
- No enfocarse en los objetivos diarios
- No dar importancia a lo requerido
- No comunicar prioridades
- No encargar las cosas a tiempo
- No seguir una rutina diaria de trabajo
- No seguir los procedimientos
- No comprometerse con la empresa
- No comunicar los problemas formalmente
- Falta de atención a sus problemas
- Desorden en el área de trabajo
- No seguir un proceso de liderazgo y seguiderazgo
- Encubrir malas acciones.
- Provocar conflictos interpersonales

Recursos

- Falta de recursos necesarios e insuficientes
- No tener procesos formales para la gestión de recursos
- No tener las herramientas adecuadas

Tarea

- No tener procedimientos definidos
- No tener procedimientos establecidos en el lugar de trabajo
- Carencia de una rutina diaria de trabajo
- Capacitación deficiente
- Procesos sin actualizar
- Desorganización
- Desorganización en la asignación de tareas

Control

- Control deficiente de los recursos
- Procesos de auditorías débiles
- No medir el rendimiento
- No existen consecuencias a los comportamientos no aceptados
- Falta de acciones correctivas, consecuencias, los líderes y seguidores debe saber que algo le va a suceder después de un mal comportamiento o bajo rendimiento.

Actividad: En su experiencia, seleccione a su consideración los cinco comportamientos incorrectos de LÍDERES Y SEGUIDORES más comunes que promueven la indisciplina y se presentan en su área de trabajo o en su empresa.

❑ Supervisión deficiente	❑ No descansar adecuadamente
❑ Ausencia de líderes modelo	❑ Exceso de confianza
❑ Liderazgo deficiente	❑ Seguir el mal ejemplo, dejarse influenciar
❑ Staff incompetente	❑ Tratar de justificar el mal comportamiento
❑ Ser impuntual	❑ Falta de esfuerzo sostenido
❑ Irresponsabilidad	❑ Fuerza de voluntad débil
❑ Ser flexible	❑ Pobre sentido de urgencia
❑ Postergar lo que hay que hacer hoy	❑ No respetar los reglamentos, políticas, normas, etc.
❑ Egocentrismo	❑ Trabajar sin tomar en cuenta los valores de la empresa
❑ Falta de automotivación	
❑ Descontrol emocional	

En el siguiente cuadro de los comportamientos incorrectos seleccionados a note los más frecuentes y las acciones correctivas para disminuirlos o eliminarlos.

COMPORTAMIENTO INCORRECTO	ACCIONES	RESPONSABLE	FECHA

Actividad: En su experiencia, seleccione a su consideración las cinco condiciones y comportamientos de <u>LA EMPRESA</u> más comunes que promueven la indisciplina y se presentan en su área de trabajo o su empresa.

DE GESTION.

❏ No planear	❏ No comprometerse con la empresa
❏ No enfocarse en los objetivos diarios	❏ No comunicar los problemas formalmente
❏ No dar importancia a los recursos requeridos	❏ Falta de atención a sus problemas
	❏ Tener desorden en el área de trabajo
❏ No comunicar prioridades	❏ No seguir un proceso de liderazgo y
❏ No encargar las cosas a tiempo	seguiderazgo
❏ No seguir rutinas diarias de trabajo	❏ Encubrir malas acciones.
❏ No seguir los procedimientos	❏ Provocar conflictos interpersonales

En el siguiente cuadro anote las acciones correctivas de cada uno de los comportamientos seleccionados:

COMPORTAMIENTO INCORRECTO	ACCIONES	RESPONSABLE	FECHA

DE LA TAREA.

❑ No tener procedimientos definidos

❑ No tener procedimientos establecidos en el lugar de trabajo

❑ No tener una rutina diaria de trabajo

❑ Capacitar deficientemente

❑ No actualizar procedimientos

❑ Tener desorganización en el área de trabajo

❑ Asignar tareas desorganizadamente

En el siguiente cuadro anote las acciones correctivas de cada uno de los comportamientos seleccionados:

COMPORTAMIENTO INCORRECTO	ACCIONES	RESPONSABLE	FECHA

DEL CONTROL

❑ No controlar el uso eficiente de los recursos

❑ Tener Procesos de auditorías débiles

❑ No medir el rendimiento

❑ No tener consecuencias a los comportamientos no aceptados

❑ No promover acciones correctivas.

En el siguiente cuadro anote las acciones correctivas de cada uno de los comportamientos seleccionados:

COMPORTAMIENTO INCORRECTO	ACCIONES	RESPONSABLE	FECHA

Consecuencias de la indisciplina organizacional

De acuerdo Shingo en su metodología de las 9S la indisciplina no es solamente el hecho de incumplir normas, significa falta de respeto por los demás, desconocimiento de las motivaciones humanas y la confiabilidad en la persona en su trabajo. También explica Adiele (2009) que a pesar de que la mayoría de las empresas establecen normas y reglamentos, además de las acciones disciplinarias contra los que fallan, todavía persiste la indisciplina derivado de varios factores: favoritismo como cuando una persona del staff comete una violación al reglamento y no le pasa nada; la mala comunicación de las normas y reglamentos; deficiencias en el liderazgo por ejemplo cuando no hay nadie que supervise e inculque la disciplina en sus subordinados; poca moral y baja motivación en el staff, los empleados van a tener un comportamiento al azar; y los malos hábitos de los empleados como llegar tarde.

A continuación se listan algunas de las consecuencias que se presentan cuando la empresa no tiene los recursos o las condiciones adecuadas en las áreas administrativas o de producción por la falta de planeación y gestión.

- Si los objetivos no son alineados en toda la empresa, la inter actuación va a ser ignorada.

- Si los recursos no son asignados, los procesos van a ser desacreditados.
- Si las herramientas no son dados a conocer, los métodos no van a ser ejecutados.
- Si la capacitación no se da, los esfuerzos van a ser un desperdicio.
- Si el supervisor del proceso abandona su posición, el proceso va a desaparecer, ya que no se considera algo importante.
- Si los procesos no son revisados y actualizados, se harán obsoletos.
- Uso de recursos deficientemente
- Aplicación pobre de los procesos.
- Variaciones en los resultados
- Expectativas inconsistentes
- Evaluaciones incorrectas del progreso y del éxito.
- Implementación o uso pobre de los procesos
- Inconsistencia en el seguimiento de los pasos de los procesos
- Pasos incompletos.
- Progreso más lento
- Confusión de lo que se debe hacer.
- Procesos más lentos que requerirán tiempo adicional para el logro de resultados.
- Requerimiento de más recursos.
- Calidad pobre
- Rendimiento inconsistente.
- Altos costos
- Desconfianza del logro de objetivos
- Re trabajos.

Por otro lado, Kern y Ace (2011) afirman que las personas indisciplinadas permanecen en organizaciones indisciplinadas afectando los resultados de la empresa e impactando también de alguna manera a los empleados, todo derivado de la indisciplina.

En cuanto al impacto a los Resultados por la indisciplina se tiene que:

- Los objetivos no se logran
- Está presente la desorganización
- Falta de enfoque
- Falta de estructura
- Nunca se llega a ninguna parte
- Hay inconsistencia
- Se detienen los proyectos
- Se llega al fracaso
- Se tiene una mala gestión financiera
- La gestión es deficiente para el logro de metas
- Se desperdicia el tiempo
- No hay crecimiento

Otro aspecto que afecta la indisciplina es en el Liderazgo, y lo hace de la siguiente manera:

- Ausencia de propósitos
- Falta de compromiso
- Malas habilidades de comunicación
- Deficiencias para desarrollar relaciones interpersonales
- Poca habilidad para administrar el tiempos
- Propenso a enfermedades

Además genera un impacto emocional en los empleados de la empresa que se lleva a:

- Falta de confianza
- Falta de motivación
- Falta de control emocional
- Sentimiento de desesperanza
- Sentimiento de inseguridad
- Siempre existe la preocupación

- Agotamiento
- Sentimiento que no se avanza en los proyectos
- Sentirse abrumado
- Sensación de que siempre serás subordinado
- Sentimiento estancamiento
- No se espera nada
- Sentimiento de inutilidad
- Sentimiento de estar viejo o ser obsoleto, acabado, deteriorado
- Aburrimiento
- Cansancio todo el tiempo
- Se tienen problemas de salud

Y ya se describió en capítulo anterior en el círculo virtuoso-vicioso de los resultados, que los resultados de la empresa y las emociones de los empleados son dependientes, los buenos resultados generan emociones positivas.

Acciones disciplinarias

Para hacer valer los estándares organizacionales las empresas aplican acciones disciplinarias aun y cuando es un aspecto difícil en las relaciones de los líderes y los seguidores, pero necesario para corregir las malas conductas y bajos rendimientos.

Dessler (2001) resalta varios puntos que se deben tomar en cuenta en un proceso disciplinario, como son el tener evidencia que sustente la acusación; asegurarse que estén protegidos los derechos del empleado en un proceso justo; la acción disciplinaria debe estar acorde con la forma en que la administración responde a incidentes similares; avisar formalmente al empleado las consecuencias de su mala conducta; la regla violada debe tener una relación con la operación eficiente de la empresa; se debe investigar el problema y obtener evidencia; la sanción debe ser junta de acuerdo al historial del empleado; el empleado debe tener derecho a asesoría; no se debe afectar la dignidad del empleado. No se debe olvidar que el propósito fundamental de disciplinar a los empleados es propiciar que se comporten con sensatez en el trabajo, es decir, respetando las reglas y los reglamentos. Y cuando alguien infringe estas reglas será necesario disciplinarle.

Para Mondy (2005) la acción disciplinaria es la imposición de una sanción a un empleado que no cumple con las normas establecidas, y esta acción será eficaz si se aplica al comportamiento erróneo, no al empleado como persona. El propósito de la acción disciplinaria es modificar el comportamiento que pueda producir un impacto negativo en el logro de los objetivos organizacionales, no castigar al infractor. La intención de acción disciplinaria debe asegurar que el infractor lo entienda como un proceso de aprendizaje más que como algo que simplemente produce dolor.

Las empresas deben tener un proceso para las acciones disciplinarias, y asegurarse que todos los empleados estén enterados. A continuación se listan varios métodos.

Newstrom (2007) presenta algunos de los procesos más utilizados en las empresas para disciplinar a sus empleados:

La disciplina preventiva es la medida que toma la organización para motivar a los empleados a seguir las normas y reglas para que no hagan infracciones. Comunicando y haciendo entender las normas de la empresa por adelantado. El objetivo básico es fomentar la autodisciplina en los empleados. De esta manera, los empleados mantienen su propia disciplina en vez de hacer que la administración la imponga. Es más probable que los empleados apoyen normas que ellos contribuyeron a crear y dan más su apoyo a normas positivas que a las negativas. Es importante que en el proceso de comunicación de las reglas se les explique a los empleados las razones para que tengan sentido para ellos.

En cambio en la **disciplina correctiva** se aplica una sanción después de la infracción a una regla, con la intención de desalentar más infracciones, para que las acciones futuras se apeguen a las normas.

Explican Mondy y Noe (2005) que es muy común que las empresas apliquen la **disciplina progresiva** ya que se pretende garantizar que se imponga la sanción mínima adecuada para la infracción. La sanción puede ser una advertencia oral o por escrito; una suspensión por uno o varios días o llegar al despido en casos extremos. La idea es comunicar de manera formal, directa y oportunamente a los empleados en la problemática en la que se encuentran para que mejoren su desempeño. Según Davis y Newstrom (2003) el propósito de la disciplina progresiva es darle la oportunidad al empleado de corregirse a sí mismo antes de aplicar castigos más severos. Y le da tiempo al líder para orientar a su seguidor, de tal manera que se corrija y omita la infracción. Ya que los objetivos de las acciones disciplinarias son reformar al infractor de la norma, desalentar acciones similares de otras personas y mantener estándares efectivos de grupo.

Por otro lado, Dessler (2001) expone que la **disciplina sin sanciones** pretende evitar los problemas que generan la aplicación de la disciplina punitiva, hacer sentir mal al empleado aun siendo justos en su aplicación y el bajo nivel de compromiso de los empleados con las reglas impuestas. Ya que el proceso primero el líder debe darle un recordatorio oral con la intención de que el seguidor acepte resolver el problema; Si se presenta otro incidente en un corto plazo, se le debe entregar al seguidor un recordatorio formal por escrito y se archiva una copia en su expediente. También se debe tener una plática en privado con el infractor, pero sin hacer amenazar, más bien tratar de hacerlo entrar en razón. Si el empleado volviera a incurrir en otra falla, después del aviso por escrito en un corto plazo, se le debe pedir al empleado que se tome el día, con goce de sueldo, para que permanezca en casa y considere si el trabajo le conviene o no, y si quiere sujetarse a las reglas de la compañía o no. Cuando el empleado se presente a trabajar, se reunirá con el líder para informarle sus decisiones en cuanto a apegarse a las reglas. Si no hubiera más incidentes en un plazo de un año, la suspensión de un día con goce de sueldo será retirada del expediente de la persona. En cambio si la conducta se repitiera, es necesario despedir a la persona.

En cambio con la disciplina afectiva la de Robbins y Coulter (1996) mencionan que la esencia de la disciplina efectiva la componen los siguientes comportamientos: enfrentar al empleado de manera tranquila, objetiva y seria; mencionar el problema específico; mantener la discusión impersonal; permitir que el empleado explique su posición; mantener el control de la discusión; obtener un acuerdo sobre cómo los errores podrán evitarse en el futuro y establecer la acción disciplinaria de manera progresiva.

Habilidades del líder para disciplinar eficazmente

Los líderes tendrán que enfrentarse a comportamientos no deseados de sus seguidores como impuntualidad, violar un reglamento o reacciones emocionales que generan conflictos, como la falta de control de la ira. Al estar en este tipo de situaciones el líder debe llevar a cabo acciones disciplinarias. El seguidor debe saber que su mal comportamiento le traerá consecuencias, a pesar de los efectos que los castigos generan. Para disciplinar a un infractor Robbins (1999) menciona que se debe tener en cuenta el siguiente proceso:

1. Responder inmediatamente
   Entre más rápido el líder lleve a cabo una acción disciplinaria después de que el seguidor se equivoca rompiendo una regla, el seguidor va asociar en mayor medida la disciplina con la violación.

DR. JOEL FERNANDO AGUIRRE MILLÁN

2. Hacer una advertencia

   El líder tiene la obligación de comunicarle a los seguidores las acciones disciplinarias que se llevaran a cabo en caso que se violen los reglamentos. Los seguidores deben entender cuál es el comportamiento esperado que se les está demando. De este modo el seguidor va sentir que la sanción es más justa en caso de la aplicación una acción disciplinaria, solo por el hecho de que se le advirtió que si se equivocaba iba a traer consecuencia. Todo error con intención y sabiendo lo que no se debe hacer, se paga.

3. Enunciar específicamente el problema

   Al momento de aplicar la acción disciplinaria el líder debe de mostrar todos los datos del incidente, como lugar, fecha, hora, los empleados involucrados y las circunstancias de la violación. Debe también explicar la regla violada y sobre todo debe resaltar el efecto de la acción incorrecta, el por qué no se debe repetir dicho comportamiento y de cómo el continuar haciendo lo incorrecto afecta a su rendimiento personal al equipo y en el área de trabajo.

4. Permitir que el empleado explique su punto de vista

   El líder debe dar la oportunidad de que el seguidor explique su punto de vista y sus razones. Debe el seguidor con sus palabras decir que fue lo que paso, porque sucedió y cuál fue su interpretación a la regla violada y de lo que ocurrió.

5. Mantener la discusión interpersonal

   La acción disciplinaria debe estar dirigida al mal comportamiento del seguidor, a lo que hizo mal, no al empleado. Para que entienda que no es únicamente a su persona, que esa reacción disciplinaria es siempre para todo aquel empleado que comete ese mismo error.

6. Ser consiente

El líder debe ser consciente al aplicar una sanción, debe ser muy claro al justificar toda sanción. También es importante resaltar que sobre todo debe mostrar un trato justo. Si se penaliza de manera inconsciente los reglamentos perderán fuerza, se afectará la moral y los seguidores muy probablemente cuestionaran la capacidad del líder.

7. Tomar una acción progresiva

    Después de que se presenta el comportamiento incorrecto por primeara vez por parte del seguidor el líder debe iniciar el proceso disciplinario con una advertencia verbal. Si se vuelve a equivocar el seguidor debe ser amonestado formalmente por escrito, en caso de reincidir el seguidor con su mal comportamiento deber ser suspendido, de tal manera que se afecte su salario y reflexione a donde lo está llevando su forma comportarse. Si el seguidor insiste y se vuelve a equivocar el líder lo tendrá que despedir.

8. Obtener un acuerdo sobre el cambio

    El líder debe llegar a un punto de acuerdo con el seguidor acerca de eliminar el mal comportamiento y lo que el seguidor va hacer y de cómo va a reaccionar en caso que se presenten las mismas circunstancias que lo llevaron a cometer la infracción.

Este es el ejemplo de un proceso que debe seguir un líder con su seguidor para disciplinarlo. El seguidor debe entender que su comportamiento siempre va a ser observado por su líder, ya sea bueno o malo. Y el líder debe entender que su responsabilidad es observar la forma en la que se comportan sus seguidores.

La efectiva aplicación de acciones disciplinarias puede eliminar el comportamiento no efectivo. El líder debe conocer y hacer uso de técnicas para el control de un mal comportamiento cuando el seguidor decide romper una norma o no logra tener un rendimiento de acuerdo al estándar.

El disciplinar a los empleados no es tarea fácil, pero la recompensa será un empleado reformado, en cambio si se hace mal la aplicación de acciones disciplinarias el hecho puede terminar con un riesgo potencial legal. El objetivo no debe ser despedir al empleado sino llevarlo a estándares aceptable tanto de su rendimiento como de su comportamiento, es hacerlo un mejor empleado.

Bernardi (2015) nos presenta nueve pasos para disciplinar efectivamente a los empleados:

1. No eludir la acción disciplinaria.
    En ocasiones el líder evita disciplinar a su seguidor pensando que el comportamiento incorrecto del seguidor lo va a corregir él solo, si lo ignora, pero en la realidad esto no es así, los problemas que son ignorados por lo general tienden a crecer. Por lo tanto, es responsabilidad del líder actuar de inmediato cuando un acto indisciplina rio se hace presente. A pesar de que es estresante es mejor ayudar a su seguidor a que no lleguen consecuencias mayores como el perder el empleo o pérdidas irreparables para la empresa.

2. Establecer las expectativas.
    El líder debe dar a conocer a los seguidores que es lo que espera de ellos, de esta manera ellos mismos pueden monitorear su comportamiento y hacer esfuerzos para lograr las expectativas del líder. Casi todos los empleados desean cumplir con las reglas y para eso es necesario que las conozcan y que alguien se los demande.

3. Investigar la presunta violación al reglamento antes de imponer la disciplina.

Antes de iniciar acciones disciplinarias por una supuesta violación al reglamento el líder debe realizar una investigación de los hechos y determinar si efectivamente si su seguidor se equivocó, llevando acabo los siguientes pasos: Notificar al seguidor el incidente y darle oportunidad para explicar las razones; investigar la ofensa inmediatamente después que se cometió; y no llevar a cabo la acción disciplinaria si no se tienen pruebas suficientes; en el caso de que si exista suficiente evidencia y la explicación del seguidor no justifique la falta, el líder no debe aplicar el castigo en la misma reunión en la que le notifico y se le escucho al seguidor, sino que debe haber un espacio de tiempo entre la notificación y la explicación de ambas partes y la ejecución de un correctivo, para que el seguidor no sienta que el líder ya tenía en mente castigarlo independientemente de sus explicaciones, de la otra manera se manda el mensaje que se analizó toda lo información en conjunto y después se tomó la decisión de aun así que el infractor dio sus explicaciones es merecedor de una sanción.

4. Considerar la seriedad de la ofensa
    Cuando una falta al reglamento se presenta, el líder debe considerar la seriedad de la ofensa, ya que puede ser una falta menor una infracción más seria, esta clasificación debe estar definida en el reglamento o políticas de la empresa. Después de definir el tipo de infracción el líder debe actuar en consecuencia.

5. Considerar todas las circunstancias
    El líder debe tomar en cuenta el historial del seguidor que se equivocó y cometió una falta, si se le ha tolerado en el pasado su mal comportamiento, si el seguidor entiende la violación a la regla, si el empleado tuvo alguna provocación que lo hizo incurrir en una reacción

incorrecta, si se pueden probar los hechos y se tiene evidencia contundente derivados de la investigación del incidente. Toda esta información debe darle a líder un mejor panorama para tomar las acciones correctivas.

6. Decidir un nivel apropiado de disciplina
    El siguiente paso es tomas la decisión del nivel de acciones disciplinarias que se llevarán a cabo. Se debe evitar tratar a dos empleados de manera diferente por la misma violación. A veces se comete el error de castigar en menor medida a los empleados que tiene un mejor rendimiento, que a los empleados con rendimientos promedio. Esto puede generar una sensación de discriminación, por lo tanto es mejor sancionar por la violación cometida y no por el tipo de empleado, es más justo, la consecuencia debe ser por el error que la persona hizo.

7. Llena el formato de notificación por indisciplina
    Antes de que el líder se reúna con su seguidor, se debe llenar un memo que describa la violación tan específicamente como sea posible, el resultado de la investigación, la sanción que amerita y las consecuencias si el mal comportamiento continua.

8. Debes prepararte para una reunión por una indisciplina
    Al momento de que el líder se reúne con su seguidor para revisar el problema de indisciplina, el líder debe ser claro de las causas por las que se le va a someter a un procesos disciplinario, explicar las reglas violadas, las sanciones que se deben aplicar y las consecuencias en caso de que se continúe presentando el mismo problema. Para llevar a cabo la reunión es importante considerar que el lugar donde se va a realizar la notificación, debe ser en privado, pero con un solo testigo, por ejemplo del departamento de recursos humanos, y evitar que sea al frente de todo

el equipo. Evitar entrar en debate. Informarle al empleado que quedará un registro en su expediente y que debe firmar la notificación del incidente, si el empleado se reúsa a firmar, se debe dejar registro en el oficio que se negó a firmar. Y se le debe entregar una copia de la notificación.

9. Monitorear el comportamiento de empleado
    Si el líder observa una mejora en el comportamiento del empleado es importante que le diga y lo felicite por hacer un esfuerzo para mejorar su comportamiento o rendimiento, esta retroalimentación positiva puede alentar al empleado a continuar por el buen camino y resultar mejores beneficios para todos. Pero si es lo contrario, si el mal comportamiento continúa, se debe iniciar el proceso disciplinario de acuerdo al reglamento, que probablemente lleve a la terminación de la relación laboral, pero ya en ese momento se tiene el respaldo del proceso disciplinario para las cuestiones legales.

Programa de mentoría de un líder disciplinado

El asesoramiento y los buenos consejos de un líder disciplinado pueden ser de mucha utilidad como medidas preventivas para la indisciplina, pero que hacer cuando el seguidor no hace lo correcto y/o no se esfuerza lo suficiente. Es necesario someter al seguidor en un programa que le permita desarrollar o esforzarse más. Kern, Jensen y Muñiz (2005) explican que un mentor disciplinado es aquel que además de ser líder, tiene compasión y la atención centrada en ayudar a su aprendiz a adquirir disciplina, haciendo lo que sea necesario para que su pupilo logre sus metas. A continuación presentó un programa para mejorar la disciplina de los seguidores con bajo rendimiento o mal comportamiento. Teniendo como guía a un mentor disciplinado. Es modificado de los programas de mentoría que nos muestra Kern en su libro Disciplina tutoría a niños para el éxito.

Fase I Aceptar el problema

Para mejorar un mal comportamiento o un bajo rendimiento es necesario que tanto el líder como el seguidor acepten que existe un comportamiento no aceptable o que se tienen malos resultados. Y cuales serían las consecuencias tanto para ambos y para la empresa en caso de continuar haciendo y aceptando lo incorrecto. La intención de mejorar debe ser de ambos, ya que por un lado el líder debe prestar mayor atención al aprendiz en desarrollo, y por su parte el aprendiz se enfrentará a nuevos cambios y retos que le exigirán un esfuerzo mayor. Debe quedar claro y aceptar que es lo que se está haciendo mal y se debe dejar de hacer, para pasar a la siguiente fase.

Fase II Identificar el nivel de disciplina

Tomo tiempo y esfuerzo el mejorar la disciplina, si se quieres mejorar algo, debes medirlo y en la disciplina no es la excepción. Existen varios niveles de disciplina, en las personas las clasificaremos en tres niveles: disciplina baja, en desarrollo y madura. Para determinar el nivel de disciplina de un seguidor se debe revisar la lista de los siguientes puntos de cada uno de los tres niveles de disciplina y ver en cual nivel se encuentra.

Una persona con un nivel de *disciplina baja* muestra las siguientes características: impuntual, faltista, no sigue los procedimientos, busca pretexto o justifica por qué no sigue las reglas, descuida su salud, no tiene control de su temperamento, no termina las tareas asignadas, no tiene sentido de urgencia, no pone atención a las metas ni se esfuerza para lograrlas, es desorganizado, difícilmente tiene creatividad para proponer mejoras, son creativos para justificar los porque no, y como no seguir los procedimientos para su conveniencia, aunque eso los lleve a hacer algo incorrecto, son individualistas no piensan ni en su líder ni en sus compañeros de trabajo.

Una persona que está *desarrollando su disciplina* identifica y define metas, determina un plan para lograrlas, memoriza sus metas, inicia con el plan para el logro de metas, alcanza algunas de ellas, permanece el plan por un tiempo, luego lo interrumpe y vuelve a retomarlo, ajusta su rutina para alcanzar sus metas, no siempre es puntual, pero trata de serlo, es parcialmente organizada, todavía no alcanza su mayor creatividad, se da cuenta de que forma parte de un equipo y de que lo que hace afecta o fortalece al equipo.

Y una persona con una *disciplina madura* se centra en valores, es perseverante, se compromete, es sincera, integra, entusiasta y con energía para contagiar a su equipo, define metas tanto personales como en el trabajo, es puntual, siempre está buscando aprender más, trata de innovar para hacer mejoras, tiene fuerza de voluntad para vencer las barreras y lograr los objetivos trazados, alto control emocional, cuida su salud como un activo valioso, pone a la familia en primer término, y en el trabajo toma decisiones en base al destino de su equipo.

Fase III Poner metas

En base a lo que se aceptó que se estaba haciendo mal y nivel de disciplina en la que se encuentra el seguidor, se determina cuáles son las acciones que se deben llevar a cabo para alcanzar las metas del seguidor o aprendiz y con ese nuevo esfuerzo lograr los objetivos de la empresa.

Fase IV Evaluar y buscar los recursos necesarios

Para apoyar el proceso de cambio y mejorar la disciplina y lograr las metas, se van a requerir recursos, para ello es necesario que se analice que recursos se necesitan, con que se cuenta, tanto para el seguidor como para el líder. Es importante entender que los recursos son una pieza clave para el éxito del programa, ya que el buen uso de los recursos facilitará el camino al destino definido.

Fase V El plan de acción

Establecer el plan de acción requiere definir los pasos requeridos que deben llevar a cabo para que el seguidor elimine el problema y se mejore su disciplina. Antes de elaborar el plan se deben listar todos los problemas, obstáculos y retos a vencer, ya que el líder debe saber el tipo de apoyo se requiere de su parte. Es necesario aclarar que la elaboración del plan debe hacerse entre ambos, líder y seguidor, para que exista aceptación y se comprenda el hecho que el plan diseñado por ambos asegura un buen resultado. Es necesario que ambos se comprometan en la ejecución del plan.

En el plan debe cubrir los siguientes aspectos: Descripción del problema actual y el nivel de disciplina en el que se encuentra el seguidor; Establecer prioridades y comportamientos deseados; Definir metas a corto y largo plazo tanto de las mejoras en su comportamiento como de su rendimiento; Acciones que se deberán hacer a diario y en qué momento del día; Lista de las cosas que ya no se deben seguir haciendo; La fecha en la que deberán iniciarse cada acción; El estatus de avance; Aclarar el criterio para determinar si se logra cada meta.

Fase VI Tutoría

El líder debe preparar a su seguidor de los retos que va a enfrentar. Además debe tener paciencia en el progreso de su seguidor, ya que será paulatino, difícilmente se presentará un cambio radical.

Le líder debe preparar un plan para en caso de que el seguidor vuelva a mostrar el comportamiento no deseado y aplicarlo de inmediato.

Durante el desarrollo del plan de mejora el seguidor va a requerir realizar esfuerzos o va a tener que hacer acciones que representan sacrificios para él, por lo tanto, el líder debe estar consciente que su seguidor se está sometiendo a una disciplina a la que no estaba acostumbrado, y ese cambio es algo que representa un gran esfuerzo para él. Por lo mismo, es recomendable que se lleve a cabo un registro a diario donde se muestre el impacto del esfuerzo o actividad que se está tratando de implementa para mejorar el comportamiento no deseado. El registro debe mostrar el resultado del día y se debe poder observar la tendencia, para corroborar si se están teniendo los resultados esperados. En este proceso de mentoría el líder debe tener la capacidad de aplaudir toda mejora de su seguidor, para enviar el mensaje correcto y motive al seguidor a continuar con su plan de mejoría y realizando nuevos esfuerzos. Caso contrario, si el líder trata de manera déspota a su seguidor, gritando o reclamándole malos resultados de forma irrespetuosa el seguidor va a recibir el mensaje incorrecto por parte de su líder y puede caer en desanimo.

Fase VII Monitorear y evaluar

Monitorear de cerca y evaluación continúa

El líder debe monitorear el rendimiento de su seguidor de cerca, y reaccionar de acuerdo al resultado, si se ve mejoría decirle a seguidor que le está haciendo mejor y que lo está observando. Y si lo está haciendo mal, modificar el plan de mejora.

Con los registros diarios el líder debe medir los avances y estimar los logros. En el caso de que el resultado no sea el esperado, el líder debe determinar que ajustes requiere el programa de mejora. El proceso de monitoreo debe permanecer hasta que se logre el éxito.

CAPÍTULO III

Disciplina organizacional (DIO)

Menciona Skineer (2013) que la disciplina organizacional se deriva del comportamiento enfocado al uso de los sistemas y que todas las empresas funcionan basadas en sus sistemas tales como un reporte, un procedimiento para realizar un trabajo, una junta, etc. La disciplina organizacional se centra en los sistemas. Todas las organizaciones de negocios, militares, de gobierno, no lucrativas, de caridad y religión operan basadas en sus sistemas. Continúa Skinner explicando que las mejores empresas del mundo viven sus sistemas como si fueran una religión, pero lamentablemente la mayoría de las empresas son indisciplinadas en el uso de los sistemas, derivado del comportamiento del personal, que refleja cómo se hacen las cosas en la empresa y lo hacen cuando ellos quieren. Reafirma Tuker (2013) que las empresas con alta disciplina organizacional son más competitivas y líderes en sus mercados.

Ambos autores refieren que la disciplina organizacional afecta la competitividad de las empresas y que depende del comportamiento que observan los empleados en el uso de los sistemas o procesos de cada empresa.

Tomando en cuenta la explicación de Skineer y Tuker es claro que la disciplina organizacional se basa en los sistemas o procesos de la empresa, y que la falta de un seguimiento ordenado al utilizar procesos administrativos es debido a la indisciplina de los empleados de la empresa. Por lo tanto, para mejorar los resultados, las empresas deben desarrollar líderes y seguidores disciplinados que sean capaces de controlar su comportamiento al momento de utilizar los procesos. Es responsabilidad de la empresa determinar y definir los procesos que utilizará para el logro de sus objetivos. Además promover una disciplina administrativa que controle a sus empleados y los procesos.

Por lo tanto, en lo particular considero que la disciplina organizacional se fundamenta en el control del comportamiento y las acciones de líderes y seguidores al utilizar tanto los procesos administrativos y los recursos disponibles de la empresa para el logro de objetivos en el tiempo determinado. Ya que no solo se requiere estandarizar la tarea y determinar el tiempo requerido para dicha tarea en un procedimiento, sino que también es necesario estandarizar el comportamiento de los empleados, aun en situaciones de crisis, y la manera de lograrlo es controlando la disciplina del "ser" y el "hacer" de líderes y seguidores. En el "ser" se refiere al comportamiento esperado, requerido por los líderes a sus seguidores y de igual manera es el comportamiento que demandan los seguidores de sus líderes. El "hacer" tiene que ver con el seguimiento ordenado de los procesos operativos y administrativos, que les denominaremos "prácticas organizacionales".

La disciplina organizacional se compone de tres elementos, la disciplina de líderes y seguidores, la disciplina en las prácticas organizacionales y la disciplina administrativa,

Estructura de la disciplina organizacional

En un concepto más amplio se presenta el siguiente modelo donde se muestran las tres dimensiones de la disciplina organizacional que debe desarrollar cualquier empresa: Disciplina en los líderes y en los seguidores, disciplina en las prácticas organizacionales y disciplina administrativa.

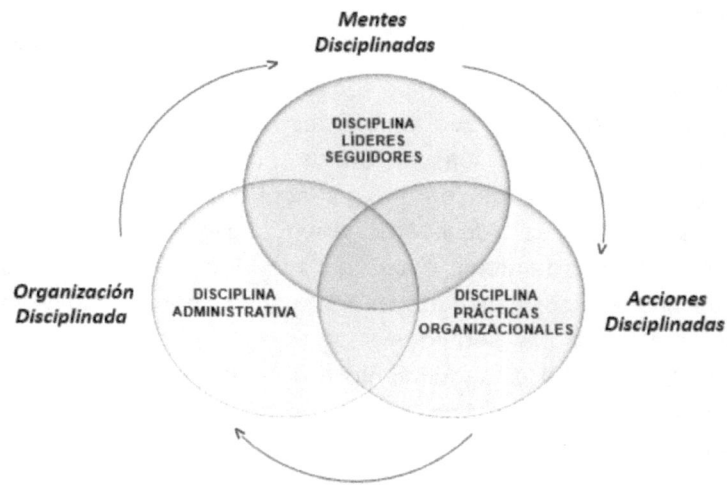

Fig. 3.1. Modelo de la Disciplina Organizacional (Elaboración propia)

Dimensiones de la disciplina organizacional

Las dimensiones que componen la disciplina organizacional son los siguientes:

Disciplina administrativa (DIA)

Es responsable de determinar y controlar los procesos que se requieren para la gestión y control de los recursos necesarios para alcanzar los objetivos de la empresa controlando al mismo tiempo el comportamiento de líderes y seguidores.

Los líderes de la empresa son los responsables de diseñar la estrategia de la empresa donde se definen la visión, misión, valores, objetivos, recursos, procesos administrativos necesarios y los comportamientos esperados.

Para mantener el control de la disciplina en una empresa Snell y Bohlander (2013) comentan que la disciplina constituye la acción administrativa que se lleva a cabo para alentar y garantizar el cumplimiento de las normas vigentes. Reafirmando Newstrom (2007) también menciona que la disciplina es la medida que toma la administración para hacer cumplir las normas organizacionales.

En estas dos definiciones se detectan dos puntos medulares en la definición de Snell y Bohlander, resaltan que las empresas requieren de acciones administrativas para ejercer la disciplina con la intención de hacer cumplir los lineamientos de la empresa. Y la explicación de Newstrom hace notar que la disciplina la determina la administración, el staff, la parte pensante de la empresa y para ello deben definir qué acciones requieren ejecutar para que se obedezcan las normas de la organización refiriéndose al control. Esas acciones disciplinarias que las empresas deben llevar a cabo para cumplir con sus objetivos, y es necesario que se siga un orden administrativo al aplicar dichas acciones.

Por otro lado, tomando en cuenta el comportamiento de los líderes Maceo (2009) nos dice que un aspecto fundamental que eleva la disciplina y con ello disminuye la indisciplina, es la labor de los directivos o dirigentes, que deben ser ejemplo, ser puntuales, disciplinados, educados, usar métodos adecuados que permitan profundizar, estudiar y evaluar cada situación, cada problema. Los trabajadores o seguidores son el fiel reflejo de sus superiores, según el nivel de exigencia, así serán. Continúa Maceo explicando que la indisciplina laboral se eleva al indisciplinar la disciplina al incentivar al trabajador a no aprovechar la jornada laboral, permitir impuntualidades, o ausencias injustificadas y justificar ausencias. Todo lo anterior tiende a desestimular el desempeño de los trabajadores.

Afirma Maceo que para llevar a cabo una dirección efectiva y eficiente se requiere a un alto nivel de competencia de los dirigentes en liderazgo capaz de incentivar, movilizar y crear conciencia. Ya que el trabajo no es solo de un dirigente, es de todos los dirigentes tanto en la base, como en las instancias superiores.

La formación de los dirigentes es de carácter obligatorio, así como una correcta evaluación de sus capacidades, resultados, métodos, niveles de exigencia y ejemplaridad.

Cuando hay dificultades de cualquier actividad, es el dirigente el responsable por no controlar. Si alguna tarea no se cumplió con la calidad requerida, es porque el dirigente no la planificó, ni la organizó, ni la controló bien. El jefe debe estar por delante de los problemas. El jefe es el malo, así tenga la razón. Son los dirigentes los responsables de disciplinar a los indisciplinados.

Termina Maceo mencionando que los dirigentes deben utilizar las resoluciones, reglamentos y el trabajo colectivo, ser valientes, comprometidos y responsables para elevar la disciplina laboral y crear ambientes de unidad, sin dejar de controlar y exigir.

Para construir una disciplina administrativa es necesario que la empresa cuente con los siguientes elementos, sin estos elementos es difícil desarrollar disciplina en los procesos y en el personal.

Proceso Administrativo de la disciplina organizacional

1. Planeación. Definir qué, cómo, quién, dónde, con qué y cuándo lo vamos a hacer. Es esta parte del proceso administrativo donde se determinan cuáles son las prácticas organizacionales requeridas, ya que es importante también definir los procesos y los comportamientos necesarios, además de las formas de cómo se van retroalimentar dichas prácticas y comportamientos.
2. Organización. Dar a cada quien su responsabilidad, determinar cuáles prácticas organizacionales va a utilizar para lograr sus objetivos, basado en un trabajo estándar de las actividades diarias, enfocadas en el logro de los objetivos de cada departamento que apoyan los objetivos de la empresa.
3. Dirección. Liderar el uso de las prácticas organizacionales apoyar en la eliminación de restricciones y el logro de objetivos.
4. Control. Auditar procesos para asegurar el buen uso de prácticas organizacionales para mejorar la disciplina organizacional. Verificando lo que se está haciendo contra lo que se debe hacer. Comparar resultados con lo planeado.

5. Innovación. En base a repetición de la tarea con el uso disciplinado de las prácticas organizacionales se detectan oportunidades para mejorarlas.

Al llevar a cabo este proceso tanto líderes como seguidores deben aplicar los impulsores del liderazgo basado en la disciplina organizacional.

Observe el siguiente esquema (Aguirre, 2013).

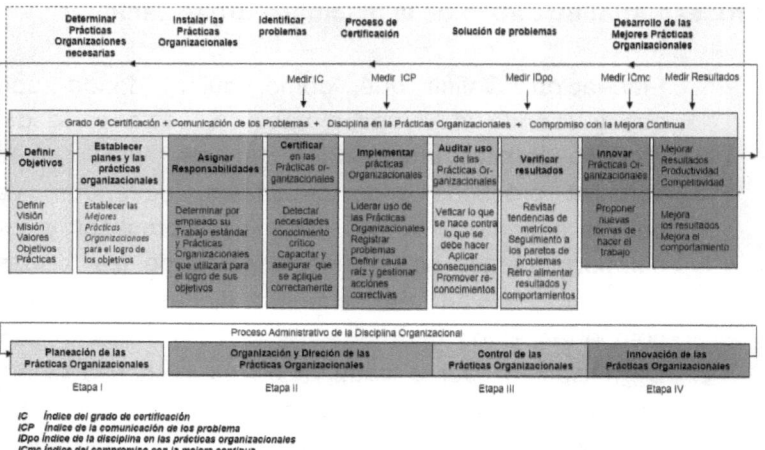

Fig. 3.2. Marco de los Índices de la Disciplina Organizacional

Es importante sensibilizar al staff de la necesidad de mejorar los resultados con el apoyo de una estrategia definida, ejecutando el proceso administrativo de la disciplina organizacional. Todos los integrantes del área administrativa deben estar convencidos que es un proceso que ayuda al logro de objetivos y que mejora los procesos de comunicación entre los departamentos y su coordinación. Es un proceso que inicia en la parte alta de la estructura y de ahí permea al personal operativo.

Para involucrar al staff desde el inicio del proceso administrativo y se comprometa con el proceso, se debe invitar a los jefes de departamento y supervisores de producción a participar en la selección de las prácticas de manufactura que se utilizarán para el logro de objetivos. En este momento es importante que todo el staff, coordinadores, supervisores y gerentes de departamento entiendan que ellos son responsables de los resultados esperados.

ETAPA I. Planeación de las Prácticas Organizacionales

Durante el proceso de planeación dos puntos son medulares. Objetivos y valores. Para definir qué objetivos se quieren lograr, se debe establecer la visión y misión para aclarar a donde se quiere llegar y especificar el cómo se van a lograr, es decir, la estrategia. También es necesario hacer un listado de los procesos o prácticas de manufactura que se requieren para ejecutar dicha estrategia. Asimismo, determinar que le tareas le corresponden a cada líder y seguidor. Además, analizar los recursos necesarios y determinar cuándo se van a utilizar. Por otro lado, es muy importante definir los valores de la empresa para dirigir los comportamientos esperados de líderes y seguidores. Para tener control de los procesos y de los comportamientos es necesario establecer las auditorías a los procesos, evaluaciones de rendimiento y una retroalimentación constante al personal.

En esta primera etapa para definir objetivos operativos de la empresa, se pueden basar en los cinco objetivos principales: seguridad, calidad, entrega a tiempo, costos y compromiso.

Visión y Misión

Los líderes deben definir la visión y la misión, y sobre todo vivirlas a diario. Estos dos conceptos expresan hacia donde la empresa quiere llegar y como va lograr sus objetivos. Un líder debe tener la capacidad de entender ambas partes, saber qué es lo que la empresa quiere y la estrategia de cómo lo va lograr, para así dirigir a sus seguidores y motivarlos durante la ejecución de la estrategia.

Para desarrollar empleados disciplinados es importante que los valores de la empresa fortalezcan la disciplina.

Valores

En el proceso de adaptación de los empleados a la empresa, la cultura organizacional juega un papel fundamental. Jones (2008) explica que la cultura organizacional es el conjunto de valores y normas compartidas por los integrantes de la organización, que controlan las interacciones entre ellos y con otras personas externas. Estos valores y normas son las que la empresa determina, ya que son necesarios para lograr sus objetivos.

Tanto líderes y seguidores deben comprender que los valores son criterios y estándares que todos los empleados deben modelar en su forma de comportarse. Los valores son los que dicen que es lo que se ve bien y que se ve mal dentro de la empresa. Es la percepción común de los miembros de la organización (Robbins, 1999).

Ya que los valores de la empresa determinan el comportamiento que se acepta, por lo tanto los empleados los deben de tomar en cuenta para la toma de sus decisiones y sus acciones.

Para tener equipos disciplinados es necesario que tanto líderes como seguidores comprendan cada uno de los valores, como se practican y como nos ayudan en el trabajo diario. Los valores determinan que acciones se deben de llevar a cabo para reforzarlos y que acciones se deben evitar, dado que los debilitan o van en su contra.

La siguiente lista de valores son solo un ejemplo de los muchos valores que puede tener una empresa, pero es importante que se dividan en tres categorías: valores personales, valores a usar para con los que nos rodean y valores hacia la empresa.

Valores personales. Son valores que líderes y seguidores deben desarrollar para ser mejor empleado.

Disciplina hacer el trabajo de manera ordenada, en el tiempo especificado para lograr un objetivo dado con el comportamiento adecuado.

Compromiso con la empresa, con sus políticas, reglamentos y procedimientos para hacer el trabajo que nos corresponde, apegados a lo que la empresa demanda, ya que es lo que nuestros clientes esperan de nosotros.

Responsabilidad para cumplir con los objetivos trazados en nuestro trabajo y de la empresa. Aceptar el hecho que nadie mas vendrá que dependen de uno mismo, por eso es mi trabajo, mi puesto, mi departamento.

Después de que se adquieren los valores, se debe continuar con los valores que tienen que ver con las personas que nos rodean.

Valores para usar con los compañeros de trabajo. Estos valores exigen un comportamiento a líderes y seguidores para que haya armonía y buen trato y evitar conflictos.

Confianza en uno mismo y en los demás, en poder hacer las cosas en lograr los objetivos y confiar que nuestros compañeros saben hacer bien su trabajo y van a hacer todo lo posible para alcanzar los objetivos.

Respeto a uno mismo y nuestros compañeros. Nadie tiene derecho a agredir, todos se deben dirigir con tacto, controlando las emociones aun en momentos difíciles.

Sinceridad decir lo que realmente es, lo que se puede hacer sin ocultar información, sin mentir de lo que puede cumplir, de lo que se debe y puede hacer. No anteponer nuestros problemas personales por los resultados.

Valores que son hacia la empresa. Por último se deben desarrollar también los Son los valores claves que la empresa considera importantes para lograr sus objetivos y que la distinguen de la competencia, por ejemplo:

Conocimiento crítico, de cómo hacer nuestro trabajo. Y estar siempre dispuestos a seguir aprendiendo, de utilizar nuestro conocimiento en el trabajo diario para acumular experiencia y poder hacer incrementar el talento.

Calidad es hacer bien nuestro trabajo y cumplir en tiempo, cantidad y con las especificaciones que el cliente demanda.

Innovación todo se puede mejorar, solo tenemos que apegarnos a nuestro trabajo estándar de manera disciplinada para que en el proceso de repetición encontremos oportunidades de mejora.

Excelencia es hacer bien las cosas con autodisciplina y con un comportamiento de calidad.

Los valores se reflejan en las acciones de cada empleado, por lo tanto, para evitar confusiones y alinear ideas y pensamientos se debe hacer una lista de acciones que fortalecen a cada valor, así como también una lista de las acciones que debilitan a cada valor. Estas lista de acciones que van en contra de los valores se deben dejar de hacer, de allí la importancia que todos sepan que no se debe hacer, solo por el hecho que daña o los valores de todos los empleados de la empresa.

Cómo medir el desarrollo de los valores

El tener valores que se puedan medir de alguna forma permite saber si el personal administrativo (lideres) está haciendo las cosas correctas para mejorar el ambiente laboral y si los empleados están entendiendo lo que la empresa necesita de ellos y al mismo tiempo si los empleados (seguidores) se identifican con la empresa. Los valores deben regular el comportamiento de todos los empleados tanto líderes como seguidores. Es decir cada valor se debe asociar al menos con un comportamiento, en base a la presencia o ausencia de ese comportamiento en particular se considera si el valor es parte de la cultura de la empresa. Entre mayor número de empleados realicen acciones que fortalezcan a un valor, dicho valor tiene mayor aceptación por parte de los empleados, y al contrario y realizan acciones que debilitan al valor, se debe analizar por qué ese valor no ha sido aceptado. Veamos varios ejemplos de algunos valores que comúnmente se tienen en las empresas.

Compromiso

En el caso del valor compromiso sé que dice que es el compromiso con las reglas, políticas y procedimientos, se entiende que el compromiso está en función de si se respetan los reglamentos y se siguen los procedimientos establecidos para realizar la tarea. Por lo tanto se puede registrar cada vez que una persona viola un reglamento o no siga un procedimiento.

Responsabilidad

Para el valor de la responsabilidad que dice que es la responsabilidad de cumplir con los objetivos de uno mismo, se entiende que en la responsabilidad está en función del cumplimiento de sus objetivos, sino se cumple con sus objetivos no hay responsabilidad.

Disciplina

Para la disciplina es el hacer el trabajo de manera ordenada, en el tiempo especificado para lograr un objetivo dado con el comportamiento adecuado, se registra cada vez que una persona no cumpla en tiempo y cantidad, que muestre un comportamiento inadecuado como violar la seguridad, no cumplir con la calidad, no respetar un procedimiento y eso afecta su categoría de disciplina, pudiendo ser desde alta a baja.

Confianza en uno mismo, en poder hacer las cosas en lograr los objetivos y confiar que nuestros compañeros saben hacer bien su trabajo y van a hacer todo lo posible para alcanzar los objetivos.

Innovación

En la Innovación todo se puede mejorar, solo tenemos que apegarnos a nuestro trabajo estándar de manera disciplinada para que en el proceso de repetición encontremos oportunidades de mejora. Cada vez que se mejora un proceso se registra el impacto y las veces que se presentan mejoras a los procesos.

Calidad

En cuanto a la calidad se registra cada vez que se afecta la calidad ya en tiempo, cantidad o de especificaciones del cliente. Es decir, las veces que se tiene un reclamo del cliente por culpa de su trabajo o departamento. El que no tenga reclamos de clientes tiene una calidad excelente.

Conocimiento

El conocimiento crítico se puede medir en base a las herramientas, prácticas de organizacionales que se dominan para hacer nuestro el trabajo.

Respeto

En el respeto se registra las veces que se tienen conflictos con los compañeros de trabajo y que llegan al departamento de recursos humanos, cuando alguna persona se queja de que se trató de manera grosera, discriminadamente o se le agredió de algún modo.

Sinceridad

La sinceridad está en función de las mentiras o medias verdades que afectan a los objetivos. Cada vez que alguien no dice la verdad y antepone sus ocupaciones y sus prioridades a las de la empresa y se descubre se registra y se puede ir observando si esta conducta va desapareciendo.

Excelencia

La excelencia tiene que ver con la autodisciplina de seguir nuestra rutina diaria de trabajo y realizarlo con el mayor esfuerzo posible, por lo tanto una persona que no sigue su trabajo estándar y su comportamiento no es de calidad, va a tener problemas de diferentes tipo, por lo tanto, se registran los problemas que se generan por un mal comportamiento.

Definir objetivos de la empresa

En el primer paso se debe revisar el plan operativo. Mediante un proceso de planeación se revisan los objetivos generales de la empresa y los métricos que definen el rendimiento de cada objetivo. Como se mencionó anteriormente los métricos se pueden clasificar en cinco categorías:

i. Seguridad: Frecuencia y severidad de accidentes.
ii. Calidad: Reclamos de clientes y costo de calidad
iii. Entrega a tiempo: Cantidad de órdenes del cliente entregadas a tiempo.
iv. Costos: Productividad, vueltas de inventario y costo total de manufactura.
v. Moral: Rotación de personal, ausentismo, compromiso, liderazgo.

Después de establecer los objetivos es necesario determinar los recursos necesarios como son los recursos materiales, de maquinaria y equipo, económicos, de personal e informáticos.

Identificar las prácticas organizacionales, procesos o mejores prácticas

1. Por cada objetivo se deben determinar los procesos o mejores prácticas que se van a utilizar tanto en lo operativo como lo administrativo, ya que son el medio que ayudará a los líderes a realizar su trabajo y lograr sus objetivos y en consecuencia los de la empresa. Valenzuela (2010) define las mejores prácticas como procesos, herramientas, técnicas, métodos, sistemas, actividades, incentivos o recompensas para obtener mejores resultados, o aquellas que las empresas han tomado, adaptado y transformado para cubrir adecuadamente sus propias necesidades de información y recursos. Y de acuerdo a Valenzuela las mejores prácticas representan fuentes de información que ayudan a mejorar el desempeño de las empresas. Son el resultado de las innovaciones en los procesos operativos

y administrativos realizadas en el tiempo en beneficio de las organizaciones que ayudan a reducir costos, el tiempo de las tareas e incrementar la calidad de los productos o servicios. Las mejores prácticas no pretenden dar la receta mágica para la solución de problemas, pero son un buen punto de inicio para evaluar la compañía e identificar los cambios operacionales o administrativos que permitirán alcanzar nuevos márgenes de eficiencia y éxito. Para Malavé (1999) las prácticas organizacionales son una serie de acciones que se repiten hasta generar el orden de manera que se vuelve una rutina o la manera de hacer algo, un servicio o producir un bien. Por lo tanto, para efectos del presente libro las prácticas organizacionales son las mejores prácticas, procesos, herramientas, técnicas, métodos o sistemas que utilizan los líderes y seguidores rutinariamente para realizar su trabajo y le permiten a la empresa alcanzar sus objetivos y mejorar sus resultados.

2. Después de identificar cuáles son las prácticas organizacionales que se van a utilizar para el logro de objetivos, es recomendable describir cada una de los proceso o mejores prácticas paso a paso de lo que el empleado debe hacer en un documento formal. Es fundamental documentar las prácticas organizacionales para tener un respaldo de lo que se hace con la secuencia que se debe seguir y los puntos importantes que se deben de tomar en cuenta, ya sean de calidad, seguridad, por estandarizaciones o por requerimientos gubernamentales o de la misma empresa.

3. Es necesario verificar que las prácticas organizacionales proporcionen la información necesaria orientada al logro de los objetivos.

4. Definir los lineamientos a seguir en las auditorias de existencia y uso de las prácticas organizacionales tanto en áreas administrativas y de producción.

5. Elaborar formato de auditoria para medir la disciplina y cumplimiento del uso de las mejores prácticas.
6. Precisar el método de capacitación y certificación.
7. Implementar el uso de las prácticas organizacionales trasmitidas en el proceso de certificación.

ETAPA II. Organización de las prácticas organizacionales

Estructurar cada departamento y sus puestos

En esta etapa se debe delimitar la estructura de la empresa definiendo las funciones y objetivos de cada departamento de servicio y áreas de producción. Para después describir cada uno de los puestos de todos los departamentos con sus responsabilidades respectivas, tareas a cumplir. Prácticamente se elabora y describe el organigrama de empresa. Para asignar responsabilidades a cada líder y seguidor.

Trabajo estándar

Para enfocar los esfuerzos de todos, es necesario que cada líder y seguidor tenga un trabajo estándar de las actividades diarias que va a llevar a cabo en su trabajo. Dichas actividades deben estar encausadas al logro de los objetivos de la empresa. El uso del trabajo estándar es de carácter obligatorio tanto en empleados operativos como administrativos, ya que facilita realizar un trabajo disciplinadamente, haciendo todos los días las mismas actividades. El trabajo estándar consiste en distribuir el tiempo de la jornada laboral, por ejemplo cada media hora, en actividades que se deben realizar para poder lograr los objetivos diarios. También para cada actividad o acción que se va a realizar se tiene que determinar el proceso que se utilizará y la evidencia que se va a registrar de lo que se hace a diario. La elaboración del trabajo estándar debe hacerse en conjunto líder y seguidor. El líder debe darle los objetivos a su seguidor y entre los dos determinar las actividades y los procesos que se requieren. El líder debe auditar a sus seguidores el cumplimiento y el seguimiento disciplinado del trabajo estándar.

Para la capacitación de los empleados en el uso de las prácticas organizacionales es importante estandarizar el proceso de capacitación para que sea más efectivo, ya que facilita la transferencia del conocimiento crítico. Además las personas que van a capacitar al personal previamente deber tomar un curso de formación de instructores y tener conocimiento de los procedimientos y métodos de trabajo.

De acuerdo a la ley federal del trabajo, todas las organizaciones mexicanas, sin importar el tamaño ni el giro, tienen la obligación de capacitar y fomentar el desarrollo de los recursos humanos. La finalidad de esta disposición es que el trabajador adquiera los conocimientos y las habilidades necesarias para desempeñar su labor, mediante un proceso planificado de enseñanza-aprendizaje. De acuerdo a Mendoza (2000) la capacitación y desarrollo implica tres factores: la intención de la empresa de que los empleados hagan bien su trabajo en su puesto; que el personal este consiente que se encuentra en un proceso de capacitación; y el establecimiento de un lugar de enseñanza-aprendizaje. Sin estos tres factores es difícil establecer un proceso sistemático de capacitación y desarrollo de los recursos humanos. Para Mendoza hoy más que nunca es necesario que cualquier organización cuente con un enfoque sistemático para enfrentar la labor de capacitar y desarrollar a sus recursos humanos y con métodos que han probado ya su eficiencia. Por lo tanto, es un hecho que la capacitación y el desarrollo deben constituir acciones planeadas y programadas para que respondan a las necesidades de las organizaciones, de tal modo que el personal cuente, en el momento oportuno, los conocimientos, las habilidades y las actitudes suficientes y adecuados para enfrentar con éxito su trabajo actual y futuro. La determinación de necesidades de capacitación y desarrollo constituyen el requisito indispensable de un enfoque sistemático que conducirá a la adquisición de aprendizajes y a su aplicación en el trabajo. A partir de las necesidades es necesario tomar decisiones sobre la selección de la mejor alternativa de la oferta de capacitación.

Refieren Werther y Davis (2008) a Quinn Mills quien explica la diferencia entre educación y la capacitación, afirmando que la educación debe entenderse como formación general que prepara a la persona para diversas ocupaciones, mientras que la capacitación se refiere a la adquisición de habilidades para emplearse en un determinado puesto en una organización. En el área de adquisición de conocimiento ha surgido una diferencia sustancial entre los intereses de la organización y los del personal. Tiempo atrás, las organizaciones participaban con gusto en la educación personal, actualmente la preferencia es invertir en la capacitación. Werther y Davis definen a la capacitación como al desarrollo de habilidades técnicas, operativas y administrativas para todos los niveles del personal.

Para Mendiola (1980) la capacitación en el trabajo es el proceso de enseñanza-aprendizaje que le permite a una persona adquirir un criterio general sobre una disciplina determinada, ayudándole a conocer a fondo lo que hace y su interrelación con otras actividades conexas. En cambio para Granados (2009) la capacitación la entiende como aquella enseñanza intencional que se imparte fuera del sistema formal de educación.

Por lo anterior podemos ver que existe un interés especial por las empresas de formar a sus empleados por medio de capacitación para el trabajo que desempeñan.

Consideran Mondy y Noe (2005) que algunas empresas ven a la capacitación como una inversión más que un costo. Agrega que anteriormente los programas de capacitación fueron subestimados en el mundo empresarial, en estos tiempos son valorados para incrementar la satisfacción del cliente, contribuir al desarrollo de asociaciones, mejorar las actividades de desarrollo y reforzar el resultado financiero. Agregan Mondy y Noe (2005) que un estudio del Departamento de Educación de Estados Unidos y la Oficina del Censo destacó el potencial de la capacitación para influir en la productividad. Dicho estudio muestra resultados de un aumento en el 10 por ciento del nivel educativo de una persona aumenta la productividad en 8.6 por ciento. Agrega que la revista Fortune hizo la observación de que la capacitación ocupa el segundo lugar como medio para atraer y retener a los empleados talentosos.

Con estos resultados vemos como la educación del individuo a través de la capacitación en el trabajo es importante tanto para la empresa como para los empleados ya que es un medio para cumplir las metas de ambas partes. La cuestión es definir una forma práctica para utilizar el conocimiento adquirido en la capacitación.

Como se mencionó anteriormente la capacitación ayuda al empleado a hacer mejor su trabajo, pero para que la capacitación sea efectiva y realmente mejore los hábitos y el comportamiento de los empleados en las prácticas laborales, se deben incidir en sus creencias, tomando como base los valores de la empresa y los objetivos que se buscan. Por esto mismo es necesario someter a los empleados a un proceso de mejora continua apoyado en la capacitación con la intencionalidad de modificar las creencias del empleado.

Este proceso se divide en cuatro pasos: Inducción, transferencia de conocimiento, implementación del nuevo conocimiento, y la evaluación del uso del conocimiento para su certificación. Jasso (2009) Doctor en educación explica que el proceso educativo es permanente en la vida del ser humano, ya que prepara al hombre para la vida y contribuye a su desarrollo, dándole forma a la personalidad y al pensamiento, además propicia la adquisición de conocimientos, hábitos, habilidades, actitudes y valores. Así mismo Jasso Reyes sostiene que la educación y la formación de valores comienzan sobre la base del ejemplo. Agrega que la educación en valores es un proceso sistémico, pluridimensional, intencional e integrado, que garantiza el desarrollo de una personalidad consciente. Lo que apoya la hipótesis de que por medio de la capacitación podemos desarrollar nuevos hábitos y habilidades por medio de una formación actitudinal. Es importante resaltar que en las afirmaciones del Dr. Jasso menciona que la educación le da forma al pensamiento del individuo, se puede presumir que se induce un cambio mental.

En cuanto el empleado entra en contacto con la empresa, debe percibir lo que es importante, ya que esto le permite tener una visión general de cómo es el trabajo en la empresa y cómo se hacen las cosas. En ese momento se genera una nueva creencia en su mente se hace presente, se da un cambio mental hacia la empresa, que lo lleve a tener mayor aceptación por la empresa y sus metas. Ver el esquema 3.3.

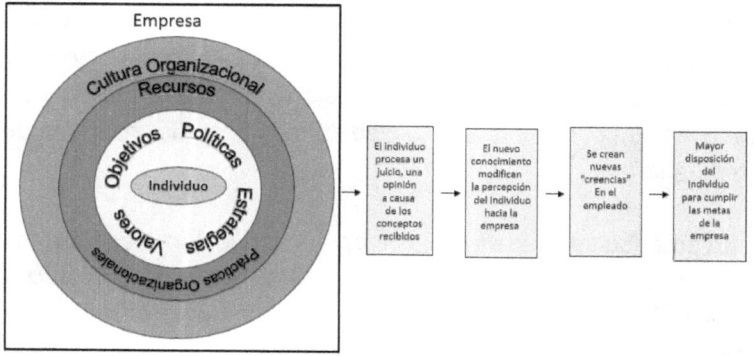

Fig. 3.3. Cambio Mental

Analizando el esquema de la figura 3.3. se obtiene la siguiente ecuación:

$$Cr = f (FAL, Pe)$$

Si tenemos que:

Cr = Creencias

FAL = Factores del ambiente laboral: Cultura organizacional, recursos, estrategias, etc.

Pe = Percepción

Entonces: Creencias = f (Factores ambiente laboral X Percepción),

De la ecuación anterior se obtienen las siguientes aseveraciones:

i. La percepción está en función de lo que el empleado entiende, observa y reflexiona.

ii. Si la percepción es positiva tiende a 1, al multiplicarla con los factores laborales se incrementan las creencias.

iii. Si los factores del medio laboral son varios se potencializan las creencias, si la percepción es positiva.

iv. Si la percepción es negativa tiende a cero y no importan los factores del medio, no se modifican las creencias del empleado, no se da un cambio en la disposición del individuo.

Desarrollo de pasos para la capacitación:

1. Se somete al empleado a proceso de capacitación para que realicen su trabajo. El individuo adquiere conocimientos teóricos. Es importante resaltar que la capacitación es formal, como lo mencionan Wayne Mondy y Robert Noe (2005), aclaran que es importante que la capacitación se entienda como un proceso formal que requiere actividades

de planeación y de estructura. Para mejores resultados en la capacitación se puede utilizar los instrumentos didácticos de la tecnología educativa: objetivos de aprendizaje, análisis del contenido y las actividades de aprendizaje. Que bien pueden clasificarse en etapa de planeación al definir los objetivos y los contenidos. La siguiente fase de realización que contempla el trasmitir los conocimientos, por último la fase de evaluación para verificar si realmente aprendió.

2. Durante la capacitación se desarrollan actividades de aprendizaje como exámenes o prácticas en el punto de operación. Al utilizar en la práctica los conocimientos adquiridos durante el entrenamiento el empleado desarrolla nuevas habilidades. Día tras día acumula experiencia.

3. Se monitorean los avances.

4. Es la experiencia la que lo lleva a adquirir hábitos laborales y con ello a una formación actitudinal. Ver esquema 3.4.

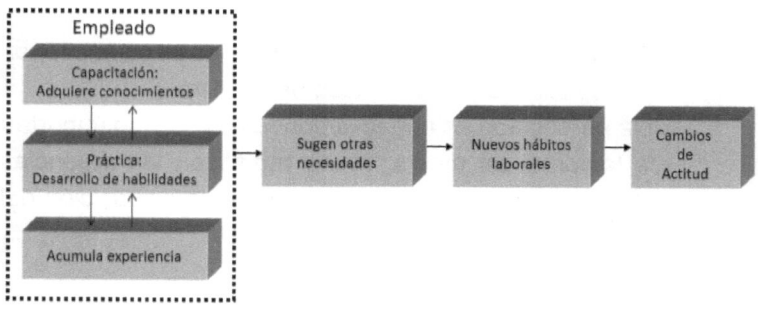

Fig. 3.4. Cambio de Actitud

Es necesario hacer hincapié que el empleado debe ver que la empresa realmente cumple con los lineamientos de la capacitación que cuenta con una infraestructura de recursos humanos, de herramientas y equipo, en las instalaciones y económicos para que lo que las indicaciones impartidas en la capacitación las comprenda como una necesidad y se vea obligado a modificar sus costumbres y desarrollar hábitos al realizar su trabajo.

Analizando el esquema de la figura 3.4. se obtiene la siguiente ecuación:

$$A = f(E, N)$$

Si tenemos que:

A = Actitud

E = Experiencia: Capacitación y práctica o trabajo, aumenta en la medida que se tiene más capacitación y mayor tiempo realizando el trabajo.

N = Necesidad

Entonces:

Actitud = f (Experiencia X Necesidad),

De la ecuación anterior se obtienen las siguientes aseveraciones:

i. La experiencia se incrementa en la medida que el empleado se capacita, práctica y trabaja día tras día.

ii. La experiencia potencializan la actitud.

iii. Si el empleado siente que es una necesidad el aprender el nuevo conocimiento que va a utilizar en su trabajo, es positivo y tiende a 1, que dan como resultando actitudes positivas.

iv. Si el empleado considera que la información que recibió durante la capacitación no es una necesidad para usarlo en su trabajo, entonces la necesidad es negativa y tiende a cero, porque no va a utilizar esa información que se le dio durante la capacitación y no se incrementan las necesidades del empleado, por lo tanto no hay compromiso en el individuo hacia la empresa ni con sus objetivos.

v. Si el empleado no siente la necesidad, no modifica ni sus hábitos ni su actitud.

Desarrollo de pasos evaluar resultados:

1. Cuando finalmente el empleado está apto para realizar su tarea por su cuenta en su lugar de trabajo, se le da seguimiento de manera personal evaluando resultados y verificando que `cumpla con lo establecido.
2. Se evalúan los resultados.
3. Al empleado se retro alimenta sobre su comportamiento y sus resultados. Las actividades con este fin pueden ser una de varias acciones como: platica de sensibilización, llamada de atención, de nuevo otra capacitación si es necesario, o se le reconoce su esfuerzo según sea el caso.

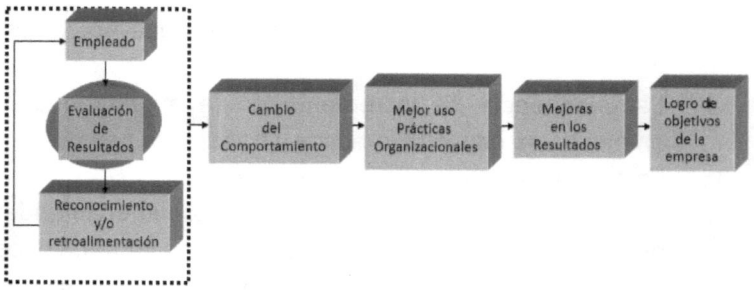

Fig. 3.5. Cambio de Comportamiento

Analizando el esquema de la figura 3.5. se obtiene la siguiente ecuación:

$$Co = f (Cr, A)$$

Si tenemos que:

Co = Comportamiento
Cr = Creencias
A = Actitud

Entonces:

Comportamiento = f (Creencias X Actitud),

De la ecuación anterior se obtienen las siguientes aseveraciones:

i. Las creencias se refuerzan en la medida en la que se retroalimenta al empleado, y este se da cuenta que es bueno y que es malo para él y la empresa.

ii. La actitud debe ser positiva y con valor tendiendo a 1 para poder modificar el comportamiento, por lo explicado anteriormente, se da este valor solo cuando el empleado siente o cree tener la necesidad de llevar a cabo algo debido a la experiencia acumulada.

iii. El comportamiento se modifica de manera positiva, en la medida que la actitud se fortalece y las creencias crecen o se incrementan.

La idea en este punto de evaluar los resultados de las tareas realizadas por el empleado, es que el empleado se dé cuenta de que se le está midiendo su rendimiento y que cuenta con otros departamentos de apoyo que están al pendiente de lo que está sucediendo en este sentido y que puede opinar y dar su punto de vista y que sus contribuciones son valoradas, aceptadas e implementadas si son razonables. Porque la retroalimentación, no solo es para el empleado, sino también para los diferentes departamentos y la empresa.

Todas las acciones mencionadas en cada uno de los pasos anteriores y la retroalimentación al empleado le dicen que cosas se aceptan en la empresa, que cuales acciones son malas y lo pueden enfrentar a conflictos y problemas que por sentido común todos queremos evitar. Al mismo tiempo identifica también cuales acciones son valoradas por la empresa y sus compañeros de trabajo, por lo que toma la decisión internamente de atender las directrices de seguridad y participar ampliamente con los diferentes grupos dedicados a tal efecto. Es pues en este punto cuando maduran los cambios de su comportamiento y se une a los esfuerzos de participar y formar parte de la cultura de la empresa.

Como puede verse el esquema de la figura 3.6 está dividido en cuatro fases resaltadas. La primera fase se identifica como la etapa de las nuevas creencias. Durante esta fase se muestra como una persona que no pertenece a la empresa y decide formar parte de ella, sometiéndose a un proceso de selección y adiestramiento ante el departamento de recursos humanos. Al momento de llegar a la empresa el individuo trae consigo sus propias expectativas de la empresa, sus creencias actuales en ese momento no tiene idea de que es importante para la empresa. Durante el proceso de inducción se da cuenta de los objetivos de la empresa, y que no solo los aspectos económicos son los que le interesan a la organización. Al terminar esta fase y pasar los exámenes de selección el nuevo empleado tiene ya en mente muy claro que es lo que la empresa espera de él, a esto se le llaman nuevas creencias. Estas nuevas creencias le dan al empleado otra perspectiva de los objetivos de la empresa, mismos que deben ser explicados correctamente y a conciencia para su entendimiento y le permitan reflexionar y entender el porqué es importante y pueda tener mayor disposición para llevar a cabo todo lo se le pida, es decir, el empleado queda sensibilizado ante los objetivos de la empresa.

La segunda fase consta de la capacitación teórica de las actividades a realizar y del entrenamiento, en estos dos puntos son de suma importancia, ya que es aquí donde el empleado vive realmente lo que el personal de recursos humanos durante la inducción le explico. Es en este momento donde el empleado observa los procedimientos, las áreas de trabajo, las condiciones del equipo, edificio, mobiliarios, personal, todos y cada uno de los recursos de la empresa. Todos estos factores lo enfrentan a la necesidad de hacer lo que todos hacen y a desarrollar conductas laborales similares, ya que lo ve como una necesidad pues todo a el entorno del área de trabajo así lo demanda, por lo tanto su compromiso es mayor.

En la tercera fase se verifican y evalúan los resultados de las actividades realizadas por el empleado, y se le retroalimenta según sea lo necesario, si se tiene buenos resultados se le reconoce y si se tienen malos resultados se le capacita de nuevo, o se lleva a cabo una acción correctiva. En esta fase del proceso se observan nuevos comportamientos que le permiten al empleado desarrollar mejores prácticas organizacionales que impactan en los resultados de la empresa. Este proceso de evolución le permite al empleado expresar sus inquietudes y se da cuenta de lo que hizo bien o lo que hizo mal y sus consecuencias lo que lo obliga a modificar su comportamiento llevando a formar parte de la cultura laboral de la empresa.

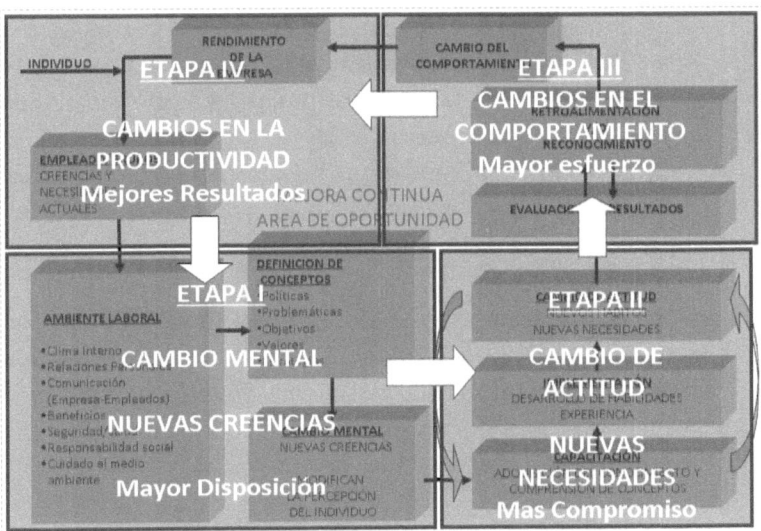

Fig. 3.6. Etapas del ciclo para mejorar la productividad

Analizando el esquema de la figura 3.6. se obtiene la siguiente ecuación:

$$P,R = f (Cr, A, Co)$$

Si tenemos que:

P = Productividad; R = Resultados
Cr = Creencias
A = Actitud
Co = Comportamiento

Entonces:

Productividad, Resultados = f (Creencias X Actitud X Comportamiento),

De la ecuación anterior se obtienen las siguientes aseveraciones:

i. Los resultados de la empresa están en funsión de las creencias de sus empleados, de la actitud que muestren ante los retos y los problemas y el comportamiento en el uso y seguimiento de las mejores prácticas organizacionales y políticas de la empresa.

ii. Si tenemos los medios para reforzar creencias del empleado que generen una actitud positiva, su comportamiento seguramente será en favor de la empresa.

iii. Si estos tres elementos tienden a reforzarse se incrementan y harán sinergia mejorando los resultados de empresa mejorando su competitividad.

DIRECCIÓN en las mejores prácticas organizacionales

Desarrollo de Valores

El individuo que se desempeña en un centro de trabajo se enfrenta a una demanda de actividades laborales que debe cumplir, estas actividades en ocasiones van acompañadas de problemáticas que el empleado debe resolver, este hecho le demanda la capacidad de analizar los hechos y tomar decisiones de las acciones que debe realizar. Este proceso de reflexión y acción se van mejorando con la experiencia en el trabajo.

La dinámica para el desarrollo de estos valores es la siguiente. En las juntas que se llevan a cabo con el personal ya sea administrativo o de producción se debe hacer un calendario semanal donde participen todos los departamentos y áreas de producción. A diario cada empleado que participa en la junta debe compartir en frente de todos los que están en la junta una frase con relación a uno de los valores de la empresa, es importante aclarar de quien la frases. Para después explicar porque selecciono la frase, a qué valor se le atribuye y que es lo entiende de la frase. Además debe decir cómo va a aplicar esa frase ese día, o donde ve que se esté aplicando. El líder de junta debe preguntar a los presentes como van ellos también aplicar el concepto de la frase en su trabajo. Esa misma frase el departamento de recursos humanos la debe distribuir a todos los equipos de producción y áreas de apoyo para que cada líder de equipo y departamento se la digan y expliquen a su personal. La intención es que todos vayan comprendiendo en mismo significado compartido de cada valor.

Lo que yo observe con esta dinámica es que la persona que le toca su turno se esfuerza por traer la mejor frase de acuerdo a su punto de vista y por lo general escogen una frase relacionada a un valor que en ese momento consideran que les es útil para la solución de un problema que están viviendo y por medio de la frase expresan su sentir, consideran que es la respuesta a aquello que ellos no eran capaces de decir por sí mismos. Pero con el tiempo ellos mismos empiezan a acuñar sus propias frases y se dan cuenta que son capaces de decir lo que sienten y necesitan relacionando los valores de la empresa. De esta manera frase a frase todos van entendiendo los valores de una manera muy similar. Y van relacionando los problemas del día a día con los valores de la empresa.

Después de varias semanas que de analizar frases de todos los valores, para reforzar el significado de cada valor, durante una semana se analizan frases de un solo valor y se obtiene la lista de acciones que fortalecen al valor y las acciones que lo debilitan.

Por último se exhibe en una pared de la empresa cada valor con sus frases que todos expusieron y con la lista de acciones que lo fortalecen y la lista de acciones que debilitan los valores, se convierte en la lista de lo que se debe hacer y lo que no se ve bien ni está bien hacerlo.

Al realizar esta dinámica se puede ver como al personal realmente considera que las frases y las acciones de los valores que ellos mismos definieron, son parte de su trabajo diario y se presenta el efecto de propiedad, evitando con esto que los valores los sientan como una imposición. Entienden que el utilizar estos valores por medio de sus acciones diarias se mejora el comportamiento de ellos mismos, de sus compañeros y los resultados de la empresa. Y la razón es que se reconocen las acciones que son positivas para las personas y para los resultados de cada departamento y en consecuencia de la empresa. La práctica de los valores de la empresa genera una buena actitud en los empleados y motiva a las acciones positivas para el logro de objetivos.

Durante la capacitación se da a conocer cada proceso o práctica organizacional para lograr cada uno de los objetivos. Se les debe explicar el cómo y el porqué del bien utilizar cada práctica organizacional.

Desarrollo de pasos del proceso de capacitación: Transfiriendo el conocimiento crítico:

1. El proceso de capacitación inicia con la inducción, donde se le explican al trabajador una serie de conceptos como los objetivos de la empresa y las estrategias para el logro de esos objetivos. Lo que se pretende durante la inducción es sensibilizar a los empleados para propiciar un cambio mental que permita reemplazar sus creencias actuales en cuanto a la forma en que realiza su trabajo, de tal manera que se alienta al empleado a tener mayor disposición para hacer sus tareas laborales de diferente manera.

2. El en segundo paso de esta etapa, se somete al empleado a una capacitación teórica donde se le transfiere el conocimiento crítico que debe utilizar para realizar sus actividades. Se le explica en qué consisten las mejores prácticas de manufactura, que son aquellas que demandan un menor esfuerzo físico pero requieren de un mayor esfuerzo mental. En este momento el empleado solo escucha y observa cuales son las tareas que debe realiza.

3. El tercer paso es la implementación y verificación de buen uso de las nuevas y mejores prácticas de manufactura. El empleado en su área de trabajo aplica el conocimiento crítico adquirido, bajo la supervisión de su mentor o maestro, se lleva a cabo un proceso de Maestro-Alumno entre el nuevo empleado y el mentor. El maestro o mentor debe motivar y habilitar a su alumno o empleado de recién ingreso a que se comprometa con su propio desarrollo y se convierta en un empleado orientada al logro de metas específicas. En este proceso el empleado vive lo que el personal de recursos humanos le explicó durante la

inducción y él mismo se percata de la infraestructura que existe para el del buen uso de las mejores prácticas de manufactura para el logro de resultados.

4. En el cuarto paso del proceso de capacitación se evalúan los resultados de las actividades realizadas por el empleado. En esta fase del proceso se deben observan actitudes positivas por parte de los empleados capacitados al desarrollar las mejores prácticas de manufactura.

5. La última parte de la capacitación es la retroalimentación, y de acuerdo a si se obtuvieron buenos resultados se le reconoce y alienta, pero si dieron malos resultados se le capacita de nuevo solo reforzando aquellos conceptos que no quedaron claros, para finalmente darle la acreditación de su certificación en el uso de la práctica de manufactura aprendida.

6. Con el total de empleados capacitados y certificados por línea de producción se mide el índice de la certificación.

El grado de certificación es la clasificación de un empleado en base a las certificaciones de las prácticas de manufactura. Para que un empleado se certifique en una práctica de manufactura es necesario que se someta a un proceso de capacitación, lo que le permite obtener al empleado adquirir el conocimiento necesario para el buen uso de las diferentes prácticas o herramientas necesarias para realizar su trabajo. Se utilizan treinta y cuatro prácticas de manufactura en las diferentes líneas de producción, pero se le pide a los empleados que deben estar capacitados al menos en doce de esas prácticas de manufactura en promedio para realizar correctamente su trabajo, por lo tanto, si un empleado cuenta con al menos doce certificaciones de prácticas de manufactura es un empleado que esta cien por ciento apto para realizar su trabajo.

Para verificar el grado de certificación de las líneas de producción se adaptó la siguiente formula.

$$IC = n \, sum_{k=1} (Ccerl_k / MCerL_k) * 100$$

donde:

IC =	Índice del grado de certificación de las líneas de producción.
CCerl =	Cantidad de certificaciones de los empleados integrantes de las lineas de producción
MCerl =	Máximo de certificaciones por línea, que es número de empleados en la línea de producción multiplicadas por doce certificaciones obligadas
n =	Total de líneas de producción
ABS =	Valor absoluto
Sum =	sumatoria

En la siguiente tabla podemos ver un ejemplo de la aplicación de la formula anterior.

Tabla 3.1.
Cálculo del índice del grado de certificación

Líneas de producón	Número de empleados	Cantidad de certificaciones de los empleados integrantes de la línea de producción CCerl	Máximo de certificaciones por línea de producción MCerl	Índice de la capacitación en la línea
L1	3	28	36	77.78%
L2	6	30	72	41.67%
L3	5	32	60	53.33%
L4	8	32	96	33.33%
L5	9	27	108	25.00%
L6	13	30	156	19.23%
Totales		179	528	
		sumCCerl	sum MCerl	

IC = sum CCerl / MCerl * 100   = 179 / 528 * 100

IC = 33.90%

Nota. Elaboración del autor en base a los resultados obtenidos

A medida que aumenta el porcentaje se mejora el índice de la certificación y se tiene un mayor nivel de conocimiento en las líneas de producción. El razonamiento es, si el índice de la certificación llegará al 100% se tendría el mayor grado de conocimiento en todas las prácticas organizacionales y también que todos los empleados de esas líneas de producción ya están certificados. Un índice más bajo señala que todavía existen empleados que requieren ser capacitados.

Un empleado puede tener tantas certificaciones como lo requiera el trabajo que desempeña y se ubica de acuerdo a los siguientes grados de conocimiento, mientras que las líneas de producción de acuerdo al índice de la certificación:

Tabla 3.2.

Grados de certificación

Grados de Certificación	IC	Cantidad de Certificaciones por empleado
Principiantes	0 - 33%	0 a 4
Intermedio	34% - 67%	5 a 8
Avanzados	68% - 100%	9 a 12

Nota. Elaboración del autor

Si un empleado tiene entre una y cuatro capacitaciones se clasifica como un empleado principiante, de cinco a ocho certificaciones intermedio y de nueve a doce certificaciones es un empleado catalogado como avanzado y es muy valioso para la empresa.

Procesos de comunicación formal para la gestión de los problemas y recursos

El propósito de la gestión de los problemas es detectar las restricciones que impiden el logro de los objetivos como son las necesidades de conocimiento de los empleados, recursos requeridos o barreras en cada línea de producción, llevando a cabo un registro formal de los problemas que se tienen día a día en la producción o departamentos de servicio. A continuación se describen los pasos que componen esta etapa.

1. Se les debe enseñar a los empleados a que en el trabajo diario cada línea de producción se debe registrar todos los problemas que le impiden llevar a cabo el plan o lo que de alguna manera afectan el logro de cada objetivo.

2. Por cada problema registrado se debe buscar la causa raíz de cada problema, utilizando la herramienta de "los cinco porqué". La Sociedad Latinoamericana para la Calidad describe a los cinco porqués como una técnica sistemática utilizada durante la fase de análisis de problemas para buscar posibles causas principales de un problema y determinar la solución del problema. El aplicar esta herramienta consiste en preguntar tantas veces como sea necesario el porqué del problema, hasta llegar a la causa principal que inicio el problema. La técnica requiere que el equipo o los integrantes de la línea en este caso, se pregunte ¿por qué? al menos cinco veces o que trabaje a través de cinco niveles de detalles. Una vez que sea difícil para el equipo responder al ¿por qué?, la causa más probable habrá sido identificada. La dinámica se realiza de la siguiente manera:

i. Se necesita un equipo de al menos dos 8 personas y uno de los miembros del equipo funge como facilitador.

ii. El equipo realiza una sesión de lluvia de ideas, normalmente utilizando el modelo del diagrama de Causa y Efecto, para identificar las causas probables preguntando el porqué del problema. Se clasifica las causas de acuerdo a cinco factores probables que pueden ser los que generan el problema: mano de obra, método, materiales, maquinaria y medio ambiente, dependiendo del métrico afectado.

iii. Una vez identificado las causas probables se continúa preguntando ¿por qué está pasando esto? o ¿por qué es así?

iv. Se continúa preguntando porqué al menos cinco veces, para retar al equipo a buscar la causa raíz y no conformarse con las primeras causas. Puede haber ocasiones en las que se deberá ir más allá de las cinco veces.

Durante el proceso del desarrollo de la técnica se debe tener cuidado de no empezar a preguntar ¿quién?, ya que el equipo está interesado en el proceso y no en las personas involucradas. Toda la información se registra en un documento.

3. Seleccionar todos los problemas generados por factores de mano de obra debido al uso deficiente del método o de realizar mal una práctica de manufactura. De acuerdo al tipo de problema, según el área de producción o departamento de servicio propietario, debe asignar a un encargado por problema, para que sea el responsable desde buscar la causa raíz, como de detectar los bajos rendimientos del personal que estén contribuyendo ha dicho problema.

4. La persona responsable de la solución del problema conjuntamente con el equipo deben identificar cuáles son los métodos administrativos o mejores prácticas que ayudarían a la solución del problema, para después definir cuál es el conocimiento crítico que el empleado necesita adquirir para realizar una mejor práctica.

5. Así como también se deben identificar los recursos requeridos para la solución de los problemas.

6. Con los datos de los problemas registrados en cierto periodo se hace el cálculo del índice de los problemas de producción.

La comunicación de los problemas esta en función de la cantidad de problemas registrados por línea, lo que se busca es que todas las líneas de producción sean capaces de registrar sus problemas para que se les de seguimiento de solución. Todas las líneas de producción deben alcanzar cinco objetivos durante su turno de trabajo. Por cada objetivo no alcanzado deben registrar el problema que les impidió lograr dicho objetivo. La cantidad de problemas se va acumulando día a día.

Para el nivel de la comunicación de los problemas de las líneas de producción se utilizó la siguiente formula:

$$ICP = n\ sum_{k=1} \{TPP_k / [(Od * dt_k) - COA_k]\} * 100$$

donde:

ICP = Índice de la comunicación de los problemas registrados de las líneas de producción.

TPP = Total de observaciones o problemas registrados del periodo

Od = Objetivos por día por línea de producción (5)

dt = Días trabajados en el periodo

COA = Cantidad de objetivos alcanzados en el periodo

n = Total de líneas de producción

Sum = sumatoria

Tabla 3.3.

Cálculo del índice de la comunicación de los problemas

Líneas de Producción	Días trabajado en el periodo	Cantidad de objetivos del periodo por lograr por línea Od *dt	Cantidad de objetivos alcanzados en el periodo COA	Total de problemas del registrados por línea en el periodo TPP
L1	20	100	60	16
L2	19	95	45	6
L3	20	100	83	3
L4	20	100	78	9
L5	10	50	56	7
L6	20	100	23	4
Totales		545	345	45
		sum COP= 5 * Dt	sum COA	sum TTP
		ICP= TTP / (COP - COA) * 100 = 45 / (545-345) * 100		
		ICP =	22.50%	

Nota. Elaboración del autor en base a los resultados obtenidos

A medida que aumenta el porcentaje se mejora la comunicación de los problemas por parte de las líneas de producción a otros departamentos y personal administrativo. El razonamiento es, si el índice de la comunicación de los problemas llegará al 100% se están comunicando todos los problemas presentados en la línea de producción. Un índice más bajo del 100% indica que hay problemas que se están presentando y no se están comunicando de manera formal. La tabla 3.4. muestra los niveles de comunicación que se presentan en las líneas de producción.

Tabla 3.4.
Rangos de los niveles de comunicación

Niveles de comunicación	Rangos del ICP
Alto	76%-100%
Moderado	51% - 75%
Bajo	0% - 50%

Nota. Elaboración del autor

En base a los problemas se pueden detectar necesidades de talento y se identifican que necesidades de conocimiento crítico requieren los empleados para realizar su trabajo de manera adecuada con el apoyo de mejores prácticas, ya que la falta de este conocimiento es lo que no le permite al trabajador utilizar de manera adecuada las prácticas de manufactura y contribuye al bajo rendimiento. Hemos comentado ya que la capacitación moldea y refuerza la conducta deseable, o que corrige las conductas no deseables y mejora el comportamiento.

ETAPA III. Control de las prácticas organizacionales

Solución de problemas

Con el uso de las mejores prácticas organizacionales se espera que se dé la solución de problemas, además de la expectativa de que los empleados desarrollen una mejor disciplina en uso de las prácticas organizacionales y un mayor compromiso para la solución de los problemas.

1) Proceso de retroalimentación de buenos y malos comportamientos
2) El proceso de evaluación y retroalimentación le permite al empleado conocer el resultado de su esfuerzo, de su trabajo, sobre lo que hizo bien o mal con todo y sus consecuencias. Además es la oportunidad para el empleado de expresar sus experiencias e inquietudes acerca de las nuevas prácticas de manufactura. La retroalimentación es con la intención de inducir al trabajador a reflexionar sobre su comportamiento y a valorar el uso de las mejores prácticas organizacionales, y en la medida en la que se adapte a utilizar dichas prácticas formará parte de la cultura organizacional de la empresa.

Mejorar uso de las prácticas organizacionales

Desarrollo de paso de la tercera etapa:

1. Aplicar las mejores prácticas organizacionales se refiere a que los empleados realizan sus tareas apoyándose en el uso de herramientas administrativas para el manejo de sus recursos disminuyendo los problemas y alcanzar sus objetivos. Los problemas deben ir disminuyendo en la medida en que el empleado va realizando mejor su trabajo aplicando el conocimiento crítico adquirido.

2. Con el registro de los nuevos resultados se conserva la evidencia de las acciones del uso de las prácticas manufactura.

3. Durante esta etapa el empleado pasa por un proceso de desarrollo y aprendizaje que le permiten ir acumulando experiencia en base a los resultados al estar utilizando las mejores prácticas de manufactura para hacer su trabajo.

Auditar uso de las mejores prácticas organizacionales

Definir los lineamientos a seguir en las auditorias de la existencia y uso de las prácticas organizacionales en las líneas de producción y áreas de servicio. Elaborar el formato de auditoria para medir el cumplimiento de uso de las prácticas organizacionales. Elaborar los formatos para medir el avance de madurez de las prácticas organizacionales para observar el progreso de cada práctica.

1. Mediante un proceso de auditoria se educa al empleado a que aplique el conocimiento crítico en su trabajo diario realizando las prácticas organizacionales que le fueron trasmitidas en el proceso de capacitación. Este proceso de auditoria consiste en los siguientes pasos:

   i. Se verifica si se tiene instalado la práctica organizacional conforme a lo planeado.
   ii. Se inspecciona que se esté utilizado correctamente la práctica organizacional.
   iii. Se corroborar la actualización de los datos.
   iv. Se analiza el registro de la información en los formatos designados, para observar las varianzas, tendencias, paretos y acciones correctivas.
   v. Se hacen las observaciones correspondientes en caso de encontrar deficiencias en el uso de la práctica organizacional.

2. Se requiere capacitar a todas las personas que van a realizar procesos de auditoria a las prácticas organizacional para homogenizar criterios.
3. Para el seguimiento formal a la solución de problemas por parte de los departamentos se recomienda definir un proceso de rendimiento de cuentas por departamento y área de producción, que incluya la revisión de los avances a los problemas atendidos, el tiempo de respuesta a los problemas expuestos por los empleados, de acuerdo a las prioridades según las necesidades del cliente.
4. Con datos recopilados de las auditorias se calcula el índice de la disciplina en el buen uso de las prácticas organizacionales.

La disciplina en el uso de las prácticas organizacionales se refiere a la cantidad de buen uso de las prácticas organizacionales para realizar su trabajo de acuerdo como se le capacitó.

Todos los empleados deben realizar su tarea utilizando las prácticas organizacionales como se les indicó en el proceso de capacitación. Y es por medio de un proceso de auditoría que se educa al empleado y se vigila que aplique el conocimiento crítico de cada práctica en su trabajo. Este proceso de auditoria consiste en verificar en el lugar de trabajo si el empleado está utilizando los formatos que se requieren para el registro de la información de cada práctica organizacional, así como también el cumplimiento de las reglas al realizar la tarea laboral. Para calcular el índice de la disciplina en el uso de las mejores prácticas organizacionales en las áreas de producción o de servicio se planteó la siguiente formula.

$$IDpo = n \, sum_{k=1} (Tpmb_k / Tpml_k) * 100$$

donde:

IDpo = Índice de la disciplina en el uso de las prácticas organizacionales

Tpob = Total de las prácticas organizacionales en buen uso.

Tpol = Total de prácticas organizacionales instaladas en línea de producción

n = Total de líneas de producción

sum = sumatoria

Tabla 3.5.

Cálculo del índice de la disciplina en el uso de las prácticas organizacionales

Líneas de produccón	Total de prácticas instaladas en la línea de producción Tpol	Total de buen uso de las prácticas organizacionales en la línea Tpob
L1	12	9
L2	10	8
L3	12	10
L4	10	10
L5	12	9
L6	12	11
Totales	**68**	**57**
	sumTpol	sum Tpob
	IDpo= sum Tpob / Tpol * 100	= 57 / 68 * 100
	IDpo = 83.82%	

Nota. Elaboración del autor en base a los resultados obtenidos

La tabla 3.6. muestra las diferentes categorías de disciplina en el uso de las prácticas organizacionales en las que se clasifican los empleados.

Tabla 3.6.

Categorías de la disciplina

Porcentaje de buen uso de Prácticas Organizacionales	Categorias de la Disciplina
0 al 50%	Baja
51% - 79%	En proceso de madurez
80% - 100%	Aceptable

Nota. Elaboración del autor

Si una línea tiene menos del 50% en el uso de las prácticas organizacionales se clasifica como un empleado con baja disciplina, del 51% al 79% en proceso de madurez y del intervalo del 80% al 100% es una disciplina aceptable.

En la práctica es donde el empleado se enfrenta a la necesidad de hacer lo que todos hacen, provocando cambios en su actitud, como confirma Jasso (2009) refiriendo uno de los objetivos de la pedagogía crítica, que es el desarrollo de la actitud, que la entiende como una predisposición conductual relativamente estable, con sus componentes cognitivos, afectivos y comportamientos mentales. Lo que menciona el Dr. Jasso nos permite pensar que la actitud se puede desarrollar. Este cambio de actitud provoca el desarrollo de conductas laborales similares a las observadas y aprendidas, ya que lo siente como una necesidad, pues todo el entorno del área de trabajo así lo demanda, por lo tanto su compromiso con el uso de las prácticas organizacionales y los objetivos de la empresa es mayor.

ETAPA IV. Innovación de las prácticas organizacionales

En la etapa de innovación se presenta como se pueden mejorar el uso de las mejores prácticas organizacionales, a este proceso se le denomina desarrollando las mejores prácticas organizacionales. Gracias a la experiencia acumulada derivada del buen uso de las prácticas organizacionales el empleado cuenta con el talento suficiente para innovar las prácticas que utiliza, proponiendo y llevado a cabo mejoras a los procesos, para beneficio de la compañía y del empleado mismo. Ya que una mejora es aquella que demanda un menor esfuerzo o recurso. Entenderemos que innovar las prácticas organizacionales, es introducir nuevas y mejores formas de hacer las cosas (Rodríguez, 2004). De acuerdo a Mann (2005) estos cambios se llevan a cabo formalmente por medio de un evento de mejora continua que consiste en los siguientes pasos:

1. Identificar una oportunidad de mejora.
2. Formar al equipo de trabajo involucrando a las personas apropiadas que tienen conocimiento en el trabajo.
3. Definir objetivos del trabajo en equipo.
4. Establecer la situación actual y determinar la situación futura.
5. Tormenta de ideas para el logro de cambios y mejoras.
6. Definir lista de actividades para hacer los cambios necesarios con fechas compromiso y responsables.
7. Cuantificar beneficios.
8. Reconocer al equipo.

Con los datos de la cantidad de propuestas de mejoras hechas por los empleados se calcula el índice del compromiso con la mejora continua. Es la cantidad de propuestas e implementaciones que se hagan a favor de la solución de los problemas de producción registrados. El compromiso con la mejora continua esta en función de la cantidad de soluciones que se proponen y se promueven de los problemas registrados por línea. Lo que se busca es que todas las líneas de producción sean capaces de proponer y promover soluciones para los problemas detectados. Para verificar el compromiso con la mejora continua entre las líneas de producción se utilizó la siguiente formula.

$$ICmc = n \; sum_{k=1} \left(TSp_k / NPp_k \right) * 100$$

Donde:

ICmc = Índice del compromiso con la mejora continua de las líneas de producción
TSp = Total de propuestas de solución del periodo
NPp = Número de problemas registrados por línea en el periodo
n = Total de líneas de producción
sum = sumatoria

Tabla 3.7.

Ejemplo del cálculo del índice del compromiso con la mejora continúa

Líneas de produccón	Total de problemas del registrados por línea en el periodo NPp	Cantidad de propuestas y soluciones del periodo TSp
L1	16	12
L2	6	5
L3	3	3
L4	9	7
L5	7	5
L6	4	4
Totales	45	36
	sum NPp	sum TSp

ICmc= sum TSp / NPp   * 100   = 36 / 45 *100
ICmc = 80.00%

Nota. Elaboración del autor en base a los resultados obtenidos

A medida que aumenta el porcentaje del índice se interpreta como una mejora en el compromiso de los empleados para solución de los problemas de igual manera en las líneas de producción. El razonamiento es, si el índice del compromiso llegará al 100%, indica que dé a todos los problemas registrados formalmente se les propuso una solución. Un porcentaje menor, indica que no se están buscando soluciones a todos los problemas registrados. La siguiente tabla muestra las diferentes clases de compromiso de acuerdo al ICmc obtenido.

Tabla 3.8.

Clases de compromiso con la mejora continúa

Clases de compromiso	Rangos del ICmc
Suficiente	80%-100%
Regular	51%-79%
Insuficiente	0%-50%

Nota. Elaboración del autor

Mejora de resultados productividad y competitividad

Cuando se obtienen mejores resultados por los cambios en las prácticas organizacionales se puede presumir de una innovación en las prácticas organizacionales. Para corroborar los cambios en los resultados se llevan a cabo los siguientes pasos:

1. Se analizan los resultados observando las tendencias de los métricos que estaban deficientes, por los problemas generados por el personal.
2. Estos resultados se comparan con los objetivos establecidos y si no son los esperados se deben redefinir las estrategias y las prácticas de manufactura.
3. En caso contrario si los resultados son los esperados después de todos los esfuerzos aplicados se deben estableces estas nuevas formas de trabajar como mejores prácticas organizacionales y un futuro pensar que se puede ser más ambicioso y buscar nuevos y mayores objetivos, ya que este es un proceso de mejora continua donde siempre se está buscando hacer más con menos para incrementar las ganancias.

Se recomienda un programa de reconocimiento para aquellos empleados que realicen innovaciones a las prácticas organizacionales.

Este proceso nos muestra como la comunicación formal, la gestión de la solución de los problemas de producción en conjunto con un proceso de capacitación y auditoria a las prácticas organizacionales se mejoran los resultados.

Procesos de reconocimiento.

El logro exitoso de los objetivos debe ser compensado, mientras que los problemas de calidad y eficiencia deben someterse a procesos de retroalimentación para dar a conocer a los empleados lo que se esa haciendo mal e identificar áreas de oportunidad de mejora, en caso de no mejorar se deben haber consecuencias, cambios de personal o de responsabilidades.

Procesos de consecuencias

Según Reyes (1978) la disciplina consiste en el mantenimiento del orden o su restitución por dos medios, el convencimiento y anuncio de una sanción. Para Lara (2012) es una herramienta ejecutiva para corregir una conducta indeseable en los empleados. La disciplina se aplica como un medio constructivo de hacer que el personal se ajuste a ciertas normas aceptables de desempeño. Así se considera como una forma de corregir un desempeño deficiente de los empleados en lugar de ser un mero castigo por una infracción. La disciplina debe considerarse como un método de capacitar al personal para que se desempeñe mejor o mejore sus actitudes y conductas de trabajo. Y de acuerdo a Bohlander y Sherman (2001) la disciplina la consideran como una forma de corregir el desempeño deficiente de los empleados en lugar de ser un mero castigo por una infracción. La disciplina debe considerarse como un método de capacitar al personal para que se desempeñe mejor o mejore sus actitudes de trabajo o la conducta en el mismo.

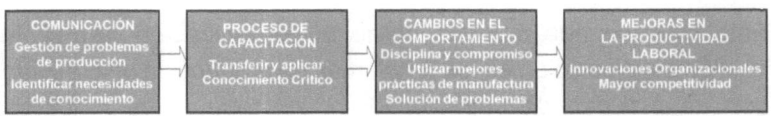

Disciplina en las Prácticas Organizacionales

Para utilizar los recursos de la empresa para el logro de objetivos se deben establecer métodos para todos los procesos críticos.

Para Martin (2011) la disciplina en los negocios tiene que ver con la implementación de sistemas, procedimientos y procesos que trabajan por si solos. La disciplina involucra establecer estándares y la implementación de esos estándares. Con un procedimiento de operación estándar la consistencia de la calidad se puede mantener. La disciplina es relativa al establecimiento de estándares y al hacer cumplir el procedimiento de operación estándar de manera consistente para lograr los resultados esperados. La disciplina organizacional tiene que ver con la administración de las prácticas organizaciones. Estos métodos o formas de hacer la tarea deben tener una revisión continua y registrar los cambios en los procesos. Las mediciones de estas revisiones deben ser a métricos o indicadores del progreso de los objetivos. La Disciplina en las prácticas organizacionales es el seguimiento ordenado a los procedimientos con el comportamiento adecuado. Por otro lado para el logro de los objetivos de empresa apoyada en las prácticas organizacionales implica la creación, implementación, desarrollo e innovación de los procesos requeridos. Considerando que el ciclo de vida de las prácticas organizacionales consiste en los siguientes pasos:

Ciclo de vida de las prácticas organizacionales

a) Crear (se define)
b) Capacitar (dar a conocer)

c) Implementar (usar)
d) Desarrollar (madurez)
e) Mejorar (actualizar)

Por lo tanto, para observar disciplina en las prácticas organizacionales se debe tener en cuentas los siguientes impulsores:

1. **Prácticas organizacionales definidas**
   Cada práctica organizacional debe contar con su estructura que determina el objetivo, su alcance y el procedimiento para su desarrollo.

2. **Que sean enseñadas bajo procesos de certificación para su uso**
   El uso de cada proceso debe estar respaldado por un proceso de capacitación o certificación para asegurar el uso correcto del proceso, de esta manera se evitan problemas y resultados no deseados.

3. **Que se utilicen de acuerdo a un trabajo estándar**
   Cada práctica organizacional tiene uno o varios propietarios que lo utilizan a diario o conforme el trabajo lo demande, estos usuarios deben tener en su trabajo estándar definido cuando deben estar utilizando. La intención es que dentro de la rutina de trabajo se especifique el espacio de tiempo que la persona debe utilizar cada práctica organizacional, para asegurar que realmente se utilice y no se deje de lado. Una persona puede cumplir con su trabajo, pero haciendo lo que se le enseño o su manera, y esto último es lo que se debe evitar. Todas las personas deben hacer su trabajo de acuerdo a como se les capacitó y certifico.

4. **Evidencia de registro**

Las prácticas organizacionales se llevan a cabo y debe haber formatos donde se registre la evidencia de los datos que se generan durante el uso del proceso.

5. **Medidas, en su impacto en los resultados**
Las prácticas organizacionales deben estar diseñadas para el control de los recursos por lo mismo deben tener la capacidad de mostrar el resultado de su utilización. Las mejores prácticas de la empresa deben mostrar el resultado de los métricos de la empresa y pueda hacerse en tableros de resultados

6. **Auditadas**
Para que las mejores prácticas organizacionales se mantengan con el uso correcto la auditoría es obligatoria. Primero se verifica que las mejores prácticas organizacionales elegidas para controlar los recursos y lograr las metas ya estén instaladas y usándose correctamente verificando la evidencia de su utilización. Luego el siguiente nivel es verifican que la evidencia vaya dejando una tendencia que nos muestre donde hay puntos bajos en los resultados. Por último se debe verificar si las prácticas están controlando los métricos con las acciones correctivas, asegurarse se los malos resultados lleven una tendencia positivo.

7. **Que permitan la mejora continua.**
Siempre existe la posibilidad de hacer mejor lo que hacemos, solo tenemos que especializarnos en una tarea y la podremos mejorar. Por lo mismo también las mejores prácticas organizacionales son sistemas abiertos que tienen espacio para la mejora, el repetir y repetir una tarea nos enseña con el tiempo como podemos cambiar la forma de hacer las cosas y obtener mejores resultados. Al encontrar una mejora la debemos registrar

formalmente junto con el equipo de trabajo, y capacitar a los usuarios en los cambios para asegurar la mejora y que todos estén conscientes del cambio. Los cambios son buenos pero siempre hay resistencia al cambio, pero si hacemos los cambios apoyados en procesos formales de mejora continua, la participación y el involucramiento facilitan ese proceso de evolución.

Tipos de prácticas organizacionales

Los tipos de prácticas organizacionales que están dentro de la disciplina organizacional son:

I. Prácticas organizacionales de autodisciplina

Son las prácticas organizacionales que tiene que ver con la persona, se rigen por la fuerza de voluntad, se exhibe el autocontrol:

a) Puntualidad para llegar a tiempo al trabajo y las juntas o reuniones.
b) Asistencia al trabajo y las juntas o reuniones.
c) Uso correcto del equipo de protección personal.
d) Seguimiento al trabajo estándar.
e) Seguimiento procedimientos administrativos y a las políticas y reglamentos de la empresa, ya sean del departamento de seguridad y medio ambiente, recursos humanos o de finanzas, como compras o solicitud de algún recurso.
f) Control de las emociones, de conflictos

II. Práctica organizacional de liderazgo basado en la disciplina

Son las prácticas organizacionales que se llevan a cabo al momento de ejercer el proceso de liderazgo basado en la disciplina:

a) Comunicación formal
b) Gestión de problemas o necesidades
c) Auditorías a los procesos
d) Rendimiento de cuentas
e) Reconocimiento
f) Consecuencias

III. Prácticas organizacionales para el logro de objetivos

Son las prácticas organizacionales que se requieren para lograr cada uno de los objetivos trazados derivados de los métricos principales de seguridad, calidad, entrega a tiempo, costos y el compromiso. Cada departamento para lograr sus metas tiene objetivos departamentales derivados de estos objetivos principales de la empresa.

IV. Prácticas organizacionales administrativas

Son las prácticas organizacionales que determina la empresa para mantener el orden dentro de empresa. Así como también aquellos procesos establecidos para que los departamentos hagan su función y la relación ínter departamental.

Proceso para Estandarizar las Prácticas Organizacionales

Para el proceso de estandarización de las prácticas organizacionales se puede seguir es siguiente procedimiento utilizando como referencia la figura 5.4.

	Estandarización de las Prácticas Organizacionales								
Depatamentos	% del volumen de producción de la Planta	Seguridad	Mantenimiento	Calidad	Admon. Visual	Trabajo Estandar	Flujo de 1 Pza	Cambios Rapidos de modelo	Programación Mixta
Departamento A	31%								
Departamento B	10%								
Departamento C	9%								
Departamento D	7%								
Departamento E	6%								
Resto de los departamentos	37%								
Total	100%								
	Puntos Posibles								

Departamentos	
Puntos Potenciales	
PuntosTotales Actuales	
Porcentaje de Estándarización	

Fig. 5.4. Formato para la estandarización de las Prácticas Organizacionales

1) Identificar los departamentos con mayor impacto en los métricos de la empresa, por ejemplo con mayor volumen de producción y obtener el porcentaje que representan del total. Ver la tabla 5.3. El departamento A representa el 31% del volumen total de la planta. Los departamentos del A al E son los cinco departamentos con mayor porcentaje, y se concentran el resto de los departamentos con menor valor en uno solo.

Tabla 5.3.
Categorías de la disciplina

Depatamentos	% del volumen de producción de la Planta
Departamento A	31%
Departamento B	10%
Departamento C	9%
Departamento D	7%
Departamento E	6%
Resto de los departamentos	37%
Total	100%

2) Definir la lista de prácticas organizacionales que se quieren estandarizar en los departamentos principales o más importantes. En este ejemplo de la figura 5.4. muestra una lista tabulada de ocho prácticas organizacionales: Seguridad, Mantenimiento, Calidad, Administración visual, Trabajo Estándar, Flujo de una pieza, Cambios Rápidos de Modelo y Programación Mixta.

3) Por cada práctica organizacional se deben listas los puntos que se deben cumplir de acuerdo a su ciclo de vida (proceso descrito en la página 86). Por ejemplo para la práctica de 5S de Seguridad en su definición se debe cumplir con los siguientes puntos:

a) Todos los materiales en el área tienen un lugar designado visual
b) Todas las herramientas usadas en el área tienen un lugar designado visual
c) Se tiene el trabajo estándar y se cumple con su seguimiento
d) Hay una área designada para los objetos personales del equipo
e) Se puede observar en ayudas visuales los requerimientos de limpieza y son asignados y les dan seguimiento
f) La maquinaria está pintada, limpia y no tiene fugas

4) Para cuantificar el cumplimiento de los puntos anteriores y medir la madurez y el desarrollo de cada práctica se toma el nivel de la tabla 5.4. para asignarle un valor que va del 0 al 5. Si cumple con un requerimiento de los seis se le asigna el valor de 0, con un código de color rojo, pero si cumple con dos requerimientos se le asigna un valor de 1 y color amarillo, para un color verde debe cumplir con al menos cinco requerimiento con un valor de 4 puntos. Dichos puntos se van asignado en cada celda de acuerdo al cumplimento de los requerimientos de cada práctica organizacional por departamento.

Tabla 5.4.

Categorías de la disciplina

Nivel	Requerimieto Presentes
Rojo - 0	Solo un requerimiento de los seis estan presentes
Amarillo - 1	Dos de los seis requeriimientos están presentes
Amarillo - 2	Tres de los sies requerimientos están presentes
Amarillo - 3	Cuatro de los sies requerimientos están presentes
Verde - 4	Cinco de los sies requerimientos están presentes
Verde - 5	Seis de los sies requeriemientos están presentes

5) Para ver la madurez de instalación de una práctica se revisa en cada departamento con cuantos requerimientos cumple y se le asigna el valor correspondiente descrito en la tabla 5.5. En esta caso el departamento A tiene un valor de 4 puntos en la madurez de la práctica de 5S de seguridad, ya que cumple con al menos cinco de los seis requerimientos, el departamento B tiene 5 puntos ya que cumple con los seis requerimiento. Al sumar el total de puntos asignados a cada departamento de esta práctica se obtiene un total de 25 puntos de los 30 posibles. El resultado del 83.3% representa el avance en la estandarización de dicha práctica. Ver figura 5.5.

Depatamentos	% del volumen de producción de la Planta	Seguridad
Departamento A	31%	4
Departamento B	10%	5
Departamento C	9%	5
Departamento D	7%	4
Departamento E	6%	4
Resto de los departamentos	37%	3
Total	100%	25
Puntos Posibles		30
Porcentaje de Estandarización		83.3%

Fig. 5.5. Cálculo de la estandarización de una Práctica Organizacional

6) Se realiza este mismo proceso para cada una de las prácticas organizacionales, se definen los requerimientos, se capacita a los usuarios de cada práctica organizacional, se implementa cada práctica organizacional y se va midiendo el avance estimando en porcentaje de estandarización por cada práctica, para luego obtener una suma total de porcentajes, en el ejemplo de la figura

5.6. se muestra un Porcentaje Total de Estandarización del 55.8%.

Estandarización de las Prácticas Organizacionales

Depatamentos	% del volumen de produccion de la Planta	5S Seguridad	Mantenimiento	Calidad	Admon. Visual	Trabajo Estandar	Flujo de 1 Pza	Cambios Rapidos de modelo	Programación Mixta
Departamento A	31%	4	1	5	4	3	5	3	5
Departamento B	10%	5	1	5	3	3	2	2	5
Departamento C	9%	5	1	5	4	3	3	1	5
Departamento D	7%	4	0	5	3	3	2	5	5
Departamento E	6%	4	1	1	3	3	1	5	5
Resto de los departamentos	37%	3	0	0	3	2	1	3	4
Total	100%	25	4	21	20	16	14	5	29
Puntos Posibles		30	30	30	30	30	30	30	30
Porcentaje de Estandarización		83.3%	13.3%	70.0%	66.7%	53.3%	46.7%	16.7%	96.7%

Departamentos	6
Puntos Posibles	240
PuntosTotales Actuales	134
Porcentaje Total de Estándarización	55.8%

Fig. 5.6. Cálculo de la suma total de la estandarización de las Prácticas Organizacionales

CAPÍTULO IV

Disciplina de líderes y seguidores

El liderazgo basado en la disciplina organizacional nos permite desarrollar líderes y seguidores capaces de llevar a cabo la estrategia de la empresa ya que se centra tanto en el ser como en el hacer. En el ser, porque se fundamenta en su fuerza de voluntad y la madurez emocional para asegurar un comportamiento adecuado. Y en el hacer, porque capacita a líderes y seguidores en cómo deben realizar su tarea diaria ejecutando un proceso de liderazgo para el logro de sus objetivos enfocados en el uso disciplinado de las prácticas organizacionales. En el trabajo siempre se tienen cosas importantes y urgentes por hacer, comúnmente se realiza lo urgente, pero lo importante por lo general es aquello que debemos hacer para llevar a cabo la ejecución de la estrategia de la empresa por medio de las prácticas organizacionales de nuestra área. Kilts (2008) explica que hacer lo que importa es lo que se debe hacer para tener éxito en los negocios y al mismo tiempo dejar de hacer las cosas que se deben pasar por alto. Y para llevarlas a cabo se requiere líderes disciplinado con fuerza de voluntad para realizar las acciones primordiales para el logro de los objetivos que marca la estrategia. Líderes disciplinados que controlan sus emociones y tienen fuerza de voluntad desarrollada no se dejen ganar por la problemática del día a día.

Fayol (2013) explicaba en su tercer principio administrativo de la disciplina que el líder no puede dar lo que no tiene y la disciplina es lo que los líderes pueden hacer de ella, que encuentran sus fortalezas en sus valores. Para tener un personal disciplinado se requiere tener líderes y seguidores disciplinados. Y para lograrlo depende del ejemplo de los líderes, de sus acciones. Es indispensable que los líderes sean disciplinados, ya que si quiere contar con seguidores disciplinados el líder está obligado a ser el más disciplinado.

La disciplina de Líderes y Seguidores se refiere al comportamiento que observan los líderes y seguidores al realizar su trabajo. Es realizar la tarea en el orden y en el momento correcto para lograr una meta, con el uso eficiente de los recursos y al mismo tiempo mostrar el comportamiento adecuado

Para Kern (2001) la disciplina se trata de establecer o fundar confianza en uno mismo. Y no se logra de la noche a la mañana, toma tiempo. Se requiere capacitar al personal para la adquisición de las habilidades requeridas para las funciones que va a desempeñar para el logro de resultados. Además el personal debe entender el proceso y estar comprometido con el desempeño de sus funciones requeridas para el uso de las prácticas organizacionales. Todos los empleados deben ser proactivos con la comunicación de la organización, esto es, alertar a otros cuando las circunstancias de los activos cambian o se crean nuevas condiciones o modificaciones y registrar lo aprendido.

Líderes disciplinados

Todos los elementos o recursos son gestionados por los líderes de la empresa, por el personal administrativo. Partiendo de que la disciplina está en función de los líderes y la obediencia de sus seguidores, debemos tener equipos de alta disciplina formados por líderes disciplinados y seguidores disciplinados.

Un líder disciplinado es el que exige el cumplimiento del objetivo, en tiempo y en forma, y se asegura que la tarea se realice de manera ordenada y observando el comportamiento esperado.

De la misma manera que demanda obediencia a sus seguidores de acuerdo al plan a lo establecido por el equipo. Kern, Jensen y Muñiz (2005) explican que un mentor disciplinado es un líder que tiene el deseo, la compasión y está enfocado en ayudar a otra persona a adquirir disciplina.

El líder disciplinado logra sus objetivos a través de la disciplina tanto de su equipo como la de sus seguidores. Un equipo disciplinado es aquel que realiza sus acciones de manera ordenada hacia el objetivo y cuenta con un líder y seguidores disciplinados. Un seguidor disciplinado es el que respeta y obedece las indicaciones del líder y trabaja en conjunto con los demás miembros del equipo, siguiendo el orden de la tarea.

Debido a que la disciplina se sostiene con las prácticas organizacionales de liderazgo, es imperativo que los líderes hagan su tarea apoyándose en el siguiente proceso de liderazgo.

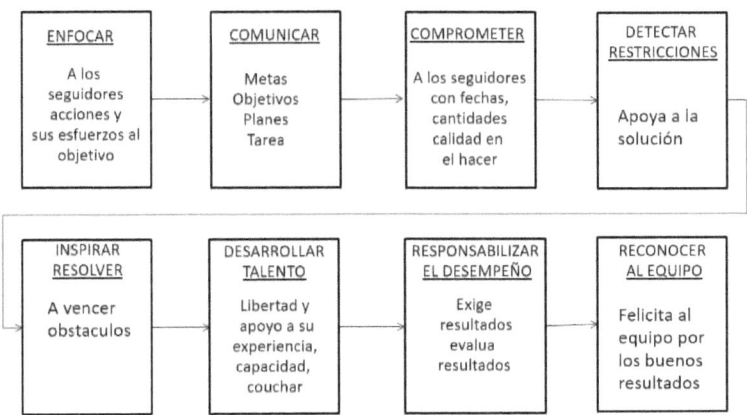

Fig. 4.1. Proceso de liderazgo disciplinado

El proceso de liderazgo que deben seguir los líderes disciplinados se compone de los siguientes pasos:

Paso 1. Enfocar al equipo

En este paso inicial del proceso de liderazgo es importante que el líder disciplinado trasmita un mensaje donde explique como el logro de los objetivos del equipo van a impactar a las metas finales de la empresa, de cómo van a contribuir a la visión de la empresa. También debe aclarar porque el equipo debe mejorar sus resultados, debe lograr que todos los seguidores acepten su situación actual de bajo rendimiento y que sientan la necesidad de mejorar, para que las acciones emprendidas por el equipo estén alineadas a la estrategia de la empresa, y que los comportamientos de líderes y seguidores disciplinados deben basarse y reforzar con sus acciones a los valores de la empresa.

Después de que todos los integrantes del equipo están de acuerdo en que van a trabajar en conjunto para lograr los objetivos de su equipo o mejorar los resultados, el líder disciplinado debe enfocar a sus seguidores disciplinados hacia los objetivos, motivándolos a que sus acciones y esfuerzos se canalicen hacia dicho objetivos. El líder debe coordinar a los seguidores disciplinados para que actúen de acuerdo a las prioridades del equipo, de manera tal que el esfuerzo de todos los integrantes del equipo genere sinergia, todos para un mismo lado, todos enfocados a cumplir con las tareas asignadas y los compromisos adquiridos. Es importante que todo el equipo comprenda y actúe en consecuencia, que se debe privilegiar la meta del equipo ante los objetivos particulares de los integrantes del equipo. Si bien es cierto el plan de acciones se particulariza a cada miembro del equipo, pero en el momento de la ejecución del plan la toma de decisiones para la administración de los recursos debe basarse en la meta final del equipo. Lo más importante es que el equipo se vea bien logrando sus metas y no que un solo integrante logre su objetivo. Esto genera confianza entre líderes y seguidores lo que fortalece a todo el equipo.

Analicemos un ejemplo. Supongamos que un equipo de trabajo debe mejorar su productividad ya que tiene un resultado bajo. El líder disciplinado debe analizar los datos actuales e identificar a donde se debe llegar, cual es el resultado esperad de la productividad para lograr el impacto esperado de acuerdo a los planes de presupuesto de la empresa y lograr la ganancia económica establecida por el departamento de finanzas y el staff directivo. Ya con la información en mano el líder disciplinado se reúne con el equipo y explica la situación actual referente a los malos resultados de la productividad y como están impactando en el desempeño de la empresa, al informar porqué se debe mejorar, ya sean cuestiones de competitividad, incremento en la salida por la demanda actual del cliente, razones financieras, etc., se trata de que los seguidores del equipo se concienticen del porque debe haber una mejora y que es importante su apoyo y compromiso. Seguiremos desarrollando este ejemplo en todo el proceso de liderazgo.

En este paso es importante que el líder aplique su inteligencia emocional

Paso 2. Comunicación.

Para el análisis de los objetivos con el equipo, el líder disciplinado debe apoyarse en un proceso de comunicación formal, con la finalidad de determinar que debe hacer cada integrante del equipo para lograr la meta. Es necesario que cada objetivo se defina numéricamente y el periodo en el que se debe alcanzar, de tal manera que se pueda medir el avance. En caso de un proyecto se puede describir en etapas. El líder disciplinado debe dar a conocer objetivos y revisar el avance de las metas al equipo con entusiasmo y energía, para impulsar a sus seguidores disciplinados a llevar a cabo sus acciones con la pasión requerida. Al realizar reuniones con el equipo para revisar los objetivos, el líder disciplinado debe utilizar al menos dos formas de comunicación, la verbal, para aclarar cuáles son los objetivos y asegurarse que cada seguidor disciplinado entiende que le corresponde hacer, cuál va a ser su contribución para cumplir con sus compromisos, dicho de otra forma el seguidor disciplinado debe tener claro cuál va a ser el impacto de su esfuerzo. Y la otra comunicación es un tanto más formal, deber ser por escrito, donde se deben registrar objetivos, planes de acciones, responsables, fechas compromisos, impacto esperado y porcentaje de avance, tanto datos como sea necesario. Se deben utilizar formatos y documentos donde se puedan ir registrando los avances del plan de acciones y las tendencias de los métricos utilizados, para que todos puedan ver lo que sí se pudo cumplir y lo que falta por concluir. También estos documentos deben mostrar datos donde se puedan observar los resultados del esfuerzo de cada seguidor disciplinado y de todo el equipo.

Siguiendo con el ejemplo de mejorar la productividad, se debe hablar con el respaldo de los números, el líder disciplinado informa a sus seguidores disciplinados que la situación de la productividad esta baja, con un 35% y que el objetivo es subirla al 70% en un periodo de tres meses o 12 semanas.

En un documento que muestra la figura 4.1. es un gestionador de acciones de cambios donde se registran los problemas y las acciones que se deben realizar para lograr un objetivo, ver el siguiente ejemplo:

OBJETIVO: Subir la productividad del 35% al 70% en 12 semanas				Fecha: Semana 1	
Problemas	Acciones	Responsable	Fecha Compromiso	Impacto	Avance
Remplazar herramientas de mano	Reemplazar herramieas manuales			Incremento piezas por hora	0%
Maquina X presenta fallas continuas	Realizar mantenimiento correctivo			Disminución tiempo muerto	0%
Empleado nuevo	Dar seguimiento curva de aprendizaje			Mejora eficiencia	0%
Cortos de materia prima	Analizar frecuencia de entregas			Disminucion tiempo muerto	0%
Alto rechazo	Definir causas, hacer paretos, plan de acciones correctivas			Incremento eficiencia, reducción scrap	0%

Fig. 4.2. Gestionador de acciones de cambio

Paso 3. Comprometer

El líder disciplinado debe demandar a los seguidores compromisos para que lograr el objetivo, asignando sus responsables a cada acción y solicitando fechas compromiso a cada responsable, como se muestra la figura 4.2. Los compromisos de los seguidores deben estar definidos en cantidad y tiempo. Es importante registrar todos estos datos para que sea el plan de acciones a seguir por el equipo. Puede hacerse en un formato que defina: acción, responsable, fecha compromiso, impacto esperado y porcentaje de avance. Los datos que sean necesarios para comprometer a cada uno de los seguidores del equipo y que facilite el trabajo del líder de verificar el cumplimiento del plan de acciones.

OBJETIVO: Subir la productividad del 35% al 70% en 12 semanas				Fecha: Semana 1	
Problemas	Acciones	Responsable	Fecha Compromiso	Impacto	Avance
Remplazar herramientas de mano	Reemplazar herramieas manuales	Supervisor	Semana 2	Incremento piezas por hora	0%
Maquina X presenta fallas continuas	Realizar mantenimiento correctivo	Mantenimiento	Semana 1	Disminución tiempo muerto	0%
Empleado nuevo	Dar seguimiento curva de aprendizaje	Supervisor/RH	Semana 3	Mejora eficiencia	0%
Cortos de materia prima	Analizar frecuencia de entregas	Materiales	Semana 1	Disminucion tiempo muerto	0%
Alto rechazo	Definir causas, hacer paretos, plan de acciones correctivas	Calidad	Semana 3	Incremento eficiencia, reducción scrap	0%

Fig. 4.3. Gestionador de acciones de cambio

En el ejemplo en la columna responsable se debe poner el nombre de la persona que representa cada departamento, y en la columna de fecha compromiso se puede poner la fecha con día y mes. En cuanto a la columna de avance se recomienda que se mida en avances del 0% cuando no se hecho nada o no se ha iniciado la acción, del 25% cuando ya se iniciaron varias actividades de la acción correspondiente, del 50% cuando ya se realizaron varias actividades y están en proceso, del 75% cuando ya solo falta que se concluyan ciertas actividades y al 100% cuando ya se haya completado todas las actividades para el cumplimiento de la acción. Se dejan más reglones para ir agregando los problemas que van incluyéndose en cada reunión.

Paso 4. Detectar y eliminar restricciones

El líder disciplinado debe ayudar a sus seguidores a solucionar los problemas que se presentan a la hora de que cada uno hace su tarea. El líder debe tener la pericia junto con sus seguidores de detectar las posibles restricciones que impidan el logro de objetivos. Un líder disciplinado define los objetivos y contribuye con su esfuerzo para lograrlos, nunca abandona a su equipo a su suerte. Siempre está allí para apoyar a sus seguidores a su equipo en lo que se requiera. Ya que por lo general siempre se presentan problemas que se deben resolver, que requieren la gestión de recursos o la colaboración de algún otro equipo de trabajo de otro departamento ajeno. Es aquí en la ejecución de las acciones para realizar el trabajo donde el sentido de urgencia es muy necesario. Ya que las acciones requeridas para el logro de objetivos deben realizarse en el momento necesario, para cumplir en tiempo. Es por eso que el líder disciplinado debe exigir una fecha compromiso al seguidor para que se comprometa con esa fecha. Esa fecha compromiso y el seguimiento del líder disciplinado es el combustible que el seguidor disciplinado requiere para su fuerza de voluntad y del sentido de urgencia.

Paso 5. Inspirar

El líder disciplinado debe inspirar a los seguidores a vencer los obstáculos que alejen al equipo del objetivo. El equipo debe tener claro que es lo que tiene que hacer para lograr la meta. Hacer entender a los seguidores que no hay imposibles, que todo depende del esfuerzo del equipo y el hambre de triunfo. Existen varias formar de motivar al equipo de seguidores, una de ellas es que líder presente los objetivos y las metas, el plan de acciones para realizar el cambio necesario para llegar de la situación actual a al punto donde es necesario llegar. Un líder disciplinado revisa diariamente los objetivos con su equipo de seguidores, al inicio de la jornada y le seguimiento, retroalimenta al equipo y al final del día, compara resultados contra lo planeado, para definir nuevas estrategias si es necesario, si los objetivos no fueron logrados. El equipo debe estar consciente de los resultados sean buenos o malos. Cuando son buenos resultados generan satisfacción en el quipo, pero cuando los resultados son negativos el líder debe hacer consiente al equipo de seguidores que se requieren mayores esfuerzos, nuevos planes, cambios en la estrategia, es cuando al líder disciplinado le corresponde exigir y presionar al equipo por mayores esfuerzos es su responsabilidad. Los buenos equipos se hacen a base de presión constante.

Paso 6. Desarrollar el talento

El líder disciplinado debe dar plena libertad a los seguidores a que utilicen su experiencia y su conocimiento para el logro de los objetivos, pero también si es necesario debe tener la capacidad de enseñar la tarea a su equipo de seguidores cuando estos no sean lo suficientemente capaces de cumplir la meta. El líder debe apoyar y ayudar a sus seguidores para que mejoren sus habilidades y competencias, para que estén cada vez mejor preparados para resolver los problemas que limitan los buenos resultados. Los procesos de capacitación deben ser constantes, renovarse siempre. Un líder disciplinado debe hacer un plan anual de desarrollo de habilidades de él y de su equipo, en el cual se registran por cada seguidor las nuevas habilidades requeridas y el plan de acciones para desarrollarlas.

Paso 7. *Responsabilizar el desempeño*

El líder disciplinado debe revisar los resultados de los compromisos de sus seguidores, comparando los objetivos con los resultados. En una reunión con sus seguidores el líder disciplinado periódicamente, puede ser a diario o semanalmente, el periodo depende de la situación, si un proyecto al que se le está dando seguimiento por lo general en la primera etapa del proyecto se deben revisar avances todos los días y en la medida que el proyecto avanza con éxito se hacen las revisiones semanales o quincenales. Y cuando se le da seguimiento a los resultados de los métricos importante y que al final de mes se van a reportar cuentas, se recomienda una revisión diaria. En estas reuniones el líder debe solicitar a cada seguidor informes de cada compromiso. En caso de que algún compromiso no haya cumplido, el líder disciplinado debe ver por qué no se cumplieron, solicitando información de los problemas que se tuvieron y analizar las acciones se llevaron a cabo y definir entre el equipo que acciones correctivas se deben adicionar y determinar necesidades de apoyo. Finalmente el líder disciplinado debe informar el avance de los objetivos a sus seguidores.

Paso 8. Reconocer al equipo

El líder disciplinado debe ser capaz de felicitar a su equipo a sus seguidores cuando las cosas van bien, cuando los resultados se logran, debe hacer sentirlos bien, orgullosos y satisfechos por hacer la tarea y hacerla bien. Pero también, si el resultado no es el esperado, el líder disciplinado debe dar una retroalimentación a sus seguidores y discutir cuales fueron las razones y ponerse a trabajar para mejorar el desempeño del equipo. En el proceso de análisis de malos resultados derivados de los problemas y obstáculos el líder disciplinado debe hacer uso de su control emocional para evitar que los problemas se conviertan en conflictos interpersonales y debe pedirle a su equipo de seguidos madurez emocional para exhibir los comportamientos adecuados en las relaciones interpersonales con otros departamentos o entre ellos mismos. Este proceso de análisis de malos resultados no debe buscar culpables sino oportunidades de mejora en las prácticas organizacionales y tanto en el proceso como en la ejecución, es el camino de la madurez de dichas prácticas, con mejoras continuas y ajustes de acuerdo a las circunstancias es la manera en las prácticas organizacionales se van innovando de manera natural y al mismo tiempo se van moldeando los comportamientos de sus usuarios.

Seguidores disciplinados

Para Robert E. Kelley (1992) los seguidores efectivos producen líderes efectivos. Un seguidor efectivo es muestra de entusiasmo, inteligencia, participación y confianza en el logro de las metas de la organización. Piensa por sí mismo y lleva a cabo sus tareas y asignaciones con energía, firmeza y seguridad. Asume riesgos, tiene iniciativa propia y resuelve los problemas de manera independiente. Son pensadores críticos que ponen a disposición sus talentos para la consecución de las metas.

El equipo de seguidores disciplinados en el proceso de seguiderazgo disciplinado debe realizar los siguientes pasos:

Paso 1. Solicitar información

> El seguidor disciplinado debe recabar la información necesaria de su líder para identificar los objetivos de su equipo y obedecen las instrucciones del líder.

Paso 2. Hacer el Plan

> Por su experiencia el seguidor disciplinado debe saber lo que se necesita hacer para lograr los objetivos por lo tanto es responsable de hacer un plan de acciones y debe comprometerse a ejecutar

Paso 3. Comprometerse con los objetivos

> El seguidor disciplinado se compromete con los objetivos dando fechas compromiso de las acciones que le tocan realizar para obtener los resultados esperados. Para ello debe darle seguimiento al plan de acciones.

Paso 4. Comunicar problemas

> El seguidor disciplinado reconoce problemas, elabora un plan de acciones y si es necesario pide ayuda si la requiere, además gestiona los recursos necesarios para la solución de los problemas.

Paso 5. Solucionar problemas

El seguidor disciplinado para la solución de los problemas usa su talento para eliminar las restricciones y presentar soluciones a su líder. Es proactivo e improvisa acciones de mejora, también está dispuesto al cambio e innovar las prácticas organizacionales y aprender cosas nuevas.

Paso 6. Ejecutar el plan

El seguidor disciplinado hace su tarea dándole seguimiento al plan para impulsar los resultados y cumplir con sus compromisos en tiempo y cantidad.

Paso 7. Reportar resultados

El seguidor disciplinado se responsabiliza de sus resultados ya sean buenos o malos informando formalmente a su líder. Y no esconde información aun y sean malas noticias.

Paso 8. Expresar su estado de ánimo

El seguidor disciplinado debe tener la confianza de enorgullecerse y sentirse bien con el equipo del cual forma parte cuando los resultados son positivos y agradece el apoyo a su líder y al resto del equipo.

El siguiente esquema muestra el proceso del Seguiderazgo.

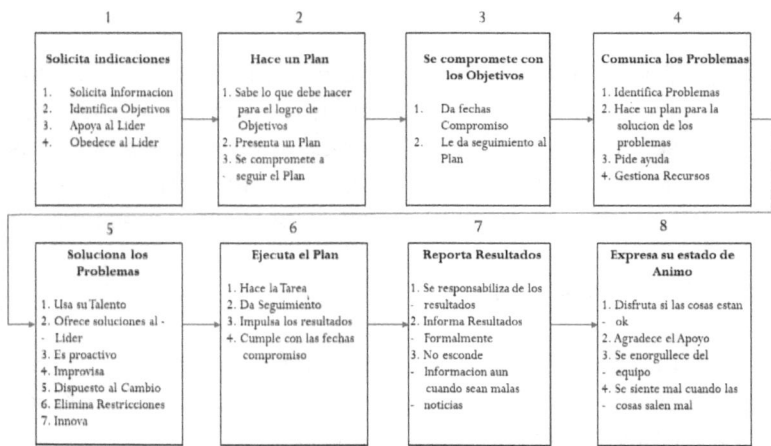

Fig. 4.4. Proceso de seguiderazgo

Los seguidores disciplinados cuentan con las siguientes características:

- Tienen su lista de objetivos del puesto
- Se enfocan en compromisos diarios
- Están siempre motivados para lograr sus objetivos
- Son comprometidos con sus resultados
- Son disciplinados al hacer su tarea
- Son responsables con sus obligaciones
- Siempre están desarrollando nuevas habilidades capacitándose
- Inspiran confianza para lograr el resultado
- Son auto disciplinados

Impulsores que forman líderes y seguidores disciplinados

Autodisciplina

Para la Neuropsicología de la Autodisciplina (2015) la clave del éxito depende de una característica fundamental que marca la diferencia entre el éxito y el fracaso: Autodisciplina. Sin ella, no se tiene posibilidades de lograr las ambiciones. Con ella podrá alcanzar todas metas.

Para Mondy y Noe (2005) la disciplina es el estado de autocontrol y de conducta ordenada de los empleados e indica el grado real de trabajo en equipo en una organización. Toda la grandeza donde quiere que este en el deporte, la música, el arte, en los negocios, en el liderazgo, en la ciencia, en la enseñanza o en las ventas es resultado de la disciplina.

La autodisciplina es un requisito previo para la excelencia en el liderazgo. Para dirigir a otros, es necesario tener el control de uno mismo. Barocio (2004) define al autocontrol como la capacidad de posponer los deseos y las necesidades, distinguiendo entre lo que deseo y lo que es conveniente en determinada situación. El líder no puede exigirle a sus seguidores lo que no es capaz de hacer. Es difícil para un líder enseñar una cualidad sino la tiene. En la disciplina organizacional, el líder debe ser ejemplo de un alto nivel de autodisciplina. Ya que por lo general los seguidores tienden a hacer lo que ven que hace el líder, más que lo que dice. Es importante para todo líder modelar la autodisciplina. Es por ello que todo líder debe aprender un método para desarrollar su autodisciplina. Todos los que llegan a ser líderes son personas que han logrado resultados, seguramente por sus cualidades y las habilidades que dominan. Ahora si le suman la cualidad de la autodisciplina potencializaran su trabajo.

De acuerdo a la neuropsicología de la autodisciplina (2015), ciencia que estudia la relación entre el cerebro, el sistema nervioso y el comportamiento. Define a la autodisciplina como la capacidad de trabajar sistemáticamente hacia una meta, es la habilidad de hacer esfuerzos sistemáticos hacia un objetivo. Es una habilidad que le permite movilizarse a uno mismo y a sus talentos para alcanzar lo que usted quiere conquistar sin importar cuanto tiempo se requiera o que tan difícil sea realizarlo.

La autodisciplina ayuda a desarrollar habilidades de liderazgo como auto confianza, fortaleza interior, resistencia, analíticas y de creatividad entre otras. Ya que el líder debe tener la capacidad de decir esto es lo que se debe hacer y hacerlo. Para lograrlo requiere esfuerzo sostenido, persistencia, conocimientos y destrezas. Un líder debe aprender a dirigir sus esfuerzos, habilidades y toda su energía hacia sus objetivos, sin importar las restricciones o los obstáculos. Todo logro requiere de un fuerte deseo, un esfuerzo organizado y persistencia de hacer lo necesario durante el tiempo preciso.

El éxito requiere planeación y de trabajo diario, sacrificio para pagar el precio, talento, inteligencia, motivación y energía. Se debe tener conocimiento y sabiduría para tomar el rumbo adecuado que nos llevara a la meta y energía para mantener el rumbo hasta lograr la meta. Para lograr el éxito es necesario aprender a desarrollar estas habilidades y dirigirlas hacia nuestros objetivos. Diedrich (2007) decía que una cultura de disciplina no se trata de presionar a la gente, se trata de control. Tiene que ver con el autocontrol de líderes y seguidores. Pensamientos disciplinados llevan a acciones disciplinadas.

Podemos concluir que para llegar al éxito es necesario ordenar las ideas y acciones que nos llevarán al punto donde queremos llegar, se requiere control de la mente. El control de nuestra mente nos permitirá encontrar el camino que nos lleve a la meta. Nos dará la energía necesaria para cada esfuerzo requerido, para vencer los obstáculos y problemas que se interpongan, incluyendo los internos. Veamos el siguiente esquema:

Acción positiva ➔ Emoción positiva ➔Ideas positivas

Una acción positiva nos lleva a sentir una emoción positiva, y eso nos permite generar ideas positivas, este proceso nos hacer sentir bien, estar dispuestos a la cooperación a contribuir a dar lo mejor de uno mismo. Por ejemplo, si limpiamos y ordenamos nuestra área de trabajo nos sentimos bien y podemos trabajar más a gusto. Otro ejemplo, si estar trabajando en equipo el líder manifiesta la confianza en sus seguidores diciéndoles que confía en ellos para ejecutar el plan y lograr los objetivos, evidentemente los seguidores se van a sentir bien y totalmente predispuestos a realizar su trabajo con todas las ganas, caso contrario si el líder les dice que duda mucho de su capacidad para lograr los objetivos el equipo se va a sentir ya de entrada desmotivado al iniciar la tarea.

Idea positiva + Acción positiva = Emoción positiva
fuente de energía➜ Logro de objetivos

Cuando partimos de una idea positiva y le agregamos una acción positiva, se produce una emoción que va a generar la energía positiva requerida para todos los esfuerzos al realizar el trabajo y lograr el objetivo. Se potencializa la capacidad para realizar la tarea. La energía se retro alimenta por las acciones y le inyectan pasión al trabajo diario.

La energía positiva + esfuerzo de la acción =
Hacer la tarea con pasión ➜ Logro de

Objetivos

Fuerza de Voluntad

Albert Einstein solía decir que la voluntad es una fuerza motriz más poderosa que el vapor, la electricidad y la energía atómica. De acuerdo al Nuevo Diccionario Enciclopédico ESPASA (1998) tenemos que la voluntad es la facultad para hacer una tarea, y la facultad es la aptitud de poder hacer la tarea, siendo la aptitud la cualidad de ser apto para cierto fin, y tener la cualidad es estar preparado para hacer el trabajo, entonces entendemos que la voluntad regula nuestra capacidad de hacer las cosas necesarias para lograr nuestras metas.

Para tener voluntad debemos también prepararnos, tenemos que saber que se requiere hacer y tener conocimiento de lo que queremos. La voluntad está divida en dos partes la persistencia que nos permite insistir e insistir hasta lograrlo y la perseverancia que no nos deja abandonar la meta.

Todo líder debe desarrollar las siguientes dos cualidades que para lograr el éxito de su visión:

1. Saber definir los objetivos que lo llevaran a lograr la visión.
2. Poseer una voluntad de hierro.

De acuerdo a Sharma (2013) la falta de fuerza de voluntad es una enfermedad mental. Y para tener una voluntad de hierro es esencial ofrecer pequeños atributos a la virtud de disciplina personal. Convertidos en algo rutinario, estos actos van aglutinándose hasta producir finalmente una gran fuerza interior.

La abundancia de fuerza de voluntad y de disciplina son los principales atributos de todos aquellos con carácter fuerte y una vida maravillosa. La fuerza de voluntad te permite hacer lo que dijiste que harías, como levantarte temprano. Es la fuerza de voluntad lo que te permite contener la lengua cuando alguien te insulta o hace algo con lo que no estás de acuerdo, lo que impulsa tus sueños cuando las alternativas parecen estar en contra, lo que te da la fuerza interior para ser fiel a tus compromisos con los demás y, sobre todo, para contigo mismo.

Si liberas tu fuerza de voluntad te convertirás en dueño de tu mundo personal. Cuando practiques continuamente el viejo arte del autodominio, no habrá obstáculo ni crisis que no puedas superar. La autodisciplina te proporcionará las reservas mentales requeridas para perseverar cuando la vida te ponga a prueba.

La fuerza de voluntad es la virtud que te inspira a hacer lo correcto en cada momento. Te da la energía para obrar con coraje y de hacer lo que has imaginado, en lugar de aceptar los hechos.

El autodominio es el control de la mente. La voluntad es la reina de los poderes mentales. Para dominar la mente hay que empezar a controlar los pensamientos. Se debe desarrollar la habilidad de descartar todo pensamiento débil y centrarse en los buenos y positivos, para que tu comportamiento sea bueno y positivo. Lo positivo siempre vence a lo negativo. Se trata de competir con uno mismo, de desarrollar un pensamiento disciplinado rechazando y desechando los pensamientos negativos, concentrándose en los positivos.

Para desarrollar la fuerza de voluntad se inicia haciendo una lista de lo que no debes seguir haciendo y empezar a hacer las cosas que tienes que hacer y que no te gusta hacer. Pequeñas victorias conducen a grandes victorias y a ganar la batalla. Y recuerda tu voluntad no tiene mente propia, debes dejar de ser esclavo de impulsos débiles. Se tiene que tomar la decisión de hacer las cosas que deberías de hacer, en lugar de tomar el camino del mínimo esfuerzo, el más fácil, el que no te exige. Para alcanzar lo grande se debe reforzar lo pequeño. Como siendo coherente con la decisión de levantarte más temprano. La disciplina se logra realizando constantemente pequeños actos de coraje, rechazando los pensamientos débiles de tu mente.

Tan importante es eliminar los pensamientos débiles que nos alejan del resultado deseado, como eliminar los actos a las acciones que también nos impiden lograr los objetivos. Por eso debemos tener una lista de "las cosas que no debo seguir haciendo". Esa lista se saca del análisis de las actividades que se hacen durante el día. Y todas aquellas actividades que contribuyeron a que no te apegaras a tu rutina de trabajo deben ser eliminadas, debes buscar la manera de que lo hagas diferente, de tal modo que al día siguiente te permita continuar con tu rutina de trabajo sin problemas.

Debes saber que existen enemigos de la voluntad, como son las excusas. Son enemigos de fuerza de voluntad por que justifican el no hacer lo que debes hacer. Son una razón lógica para no hacer lo que tienes que hacer. Las excusas justifican la falta de resultados. Se deben rechazar, para que tu cerebro aprenda que las excusas no justifican la falta de resultados. El hecho que haya mucho tráfico no borra el hecho de que llegaste tarde. Debemos centrarnos más en el resultado específico que se espera de nuestro comportamiento que en la excusa o la justificación cuando esto no sucede. Las excusas las debes devaluar, se debe entender que las excusas no sirven para pagar nada, que solo nuestras acciones nos llevan a los resultados esperados. Tienes que trabajar para eliminar el síndrome del excusismo.

Otro enemigo de la fuerza de voluntad es la postergación, algunos de los motivos que nos llevan a la postergación son los temores al fracaso o al éxito. Hay posterga dores profesionales, es doloroso, porque nos impide conquistar lo que deseamos en la vida, la evolución personal y nos frustramos. Hay que declararle la guerra a la postergación. Cada vez que sientas deseos de postergar, imagínate que es un enemigo tuyo el que te está diciendo que no lo hagas, lucha contra él con todas tus fuerzas.

Cuando llega el momento de hacer lo que debes hacer, te vas a enfrentar a una pelea interna entre tu sistema reflexivo y tu sistema impulsivo. Si al impulsivo no le dice no, sino que si lo retrasas, si le dices en 10 minutos más, lo que va a suceder que vas a desvanecer ese impulso, te vas a dar cuenta que con el tiempo pierde fuerza. Se trata que tu sistema reflexivo gane todo el tiempo. De que cada vez tengas más control del sistema impulsivo, que detectes cada vez que tenga un impulso que te haga fallar y lo debilites con el mecanismo de retrasar el impulso. Y ya cuando está débil, lo más seguro es que gane el sistema reflexivo.

Otro enemigo de la voluntad es "el mañanitis", se debe solo a la falta de resolución y de acción. A veces te justificas diciendo que trabajas mejor bajo presión, pero realmente lo que haces es que haces lo que puedes hacer, lo que alcanzas a hacer, no lo mejor que pudieras haber hecho. Hazlo HOY MISMO!, tienes que inicia ahora en este momento, cuanto antes mejor.

También el caos entendiéndolo como falta de organización afecta la voluntad. Debes tener un plan donde definas tu objetivo, cual es camino que vas a seguir para lograrlo, los recursos necesarios, que cambios vas a incluir, a qué horas vas a realizar estas nuevas acciones, que obstáculos vas a vencer, en fine entre más detallado mejor. Se le conoce también como positivismo en exceso. Pensamos y decimos que para lograr un objetivo es cuestión de que yo quiera y lo haga, pero el problema es que nunca inicias, los comentarios o pensamiento como por ejemplo, mañana puedo empezar a hacer ejercicio y por lo tanto hoy puedo hacer otra tarea que me es más placentera o no me exige un esfuerzo adicional. Debes hacerlo HOY. Tienes que iniciar HOY.

También el miedo a fallar al hacer un compromiso con mis objetivos va en contra de la voluntad, esto es muy común, ya que no estamos acostumbrados a escribir o dar a conocer nuestros objetivos, por miedo a que todos se enteren que fallamos si no lo logramos o para no hacer el esfuerzo que se requiere para lograrlo. Es más sencillo no comprometerse y si por casualidad sucede algo o alguien más hace un milagro mejor, seguimos con la ley del mínimo esfuerzo. Pero sino sucede nada y los resultados no se logran, ni yo mismo ni nadie me puede culpar a mí, por el simple hecho de que yo no me comprometí, que no di mi palabra.

Para desarrollar la autodisciplina se poder realizar el siguiente proceso:

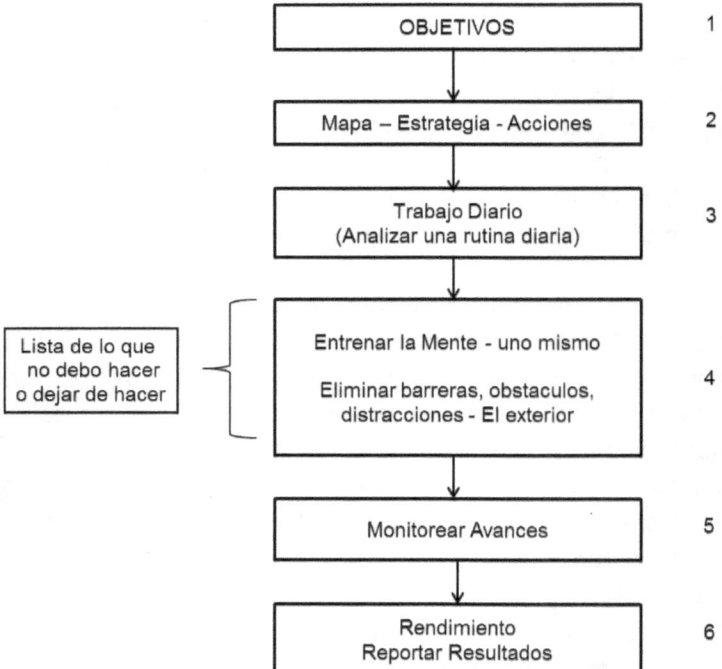

Fig. 4.5. **Proceso de la autodisciplina**

Para aplicar el proceso de la autodisciplina se recomienda implementar el siguiente ejercicio que se presenta a continuación. Debes inicia con hacer un compromiso, primero contigo mismo y luego con los que están a tu alrededor. Comprometerte en algo que tu deseas, lo debes hacer, requiere esfuerzo, ser sincero con uno mismo, aceptar que caes en hábitos que no son productivos. Para que puedas lograr ese cambio. ¿Te comprometes al cambio?, la respuesta es simple ¿sí o no?. Si tu respuesta fue SI define una mejora que deseas en ti:

- Ser puntal
- Cumplir con el trabajo estándar
- Respetar las prácticas organizacionales
- Ser mejor líder/seguidor
- Cuidar mi salud haciendo ejercicio, comer ordenadamente, esparcimiento, descansar
- Controlar mis emociones no exaltándome

En que voy a mejorar:

_____

_____

_____

_____

_____

Porqué TIENES que mejorar, porque razones vas a cambia, a continuación describe las

Razones Positivas:

1. _____

_____

2. _____

_____

3. _____

_____

Razones Negativas:

1. _____

_____

2. _____

_____

3. _____

_____

Entre más razones expongas es mejor, estos porque quieres mejorar o cambiar algo en vida o en tu trabajo van a alimentar el deseo de hacer el esfuerzo cada vez que vaciles en tu accionar.

Plan para lograr el cambio debes desglosar tu meta en micro metas, en acciones. ¿Qué acciones diarias debes hacer?, escríbelas.

1ª. _____

2ª. _____

3ª. _____

4ª. _____

5ª. _____

Determina que ¿Qué recursos necesitas?

Dinero$ _____
Materiales _____
Tiempo _____
Apoyo de otras personas _____
Otros _____

Define cuándo lo vas hacer, a qué horas del día vas a incorporar esa acción que requieres realizar, que estás obligado a llevar a cabo todos los días, porque si tú no lo haces, nadie más lo hará. Depende de ti, solo de ti. Es por eso que es importante describir tu rutina diaria

6:00 am
7:00
7:30
8:00
8:30
9:00
9:30
10:00
10:30
11:00
11:30
12:00 pm
12:30
1:00
1:30
2:00
2:30
3:00
3:30
4:00
4:30
5:00
5:30
6:00 pm
6:30
7:00
7:30
8:00
8:30

9:00
9:30
10:00
10:30
11:00
11:30
12:00 am

Identifica las nuevas acciones que no estabas haciendo, subráyalas para que tengas claro que es lo nuevo en tu vida.

Como siempre vas a tener que enfrentar problemas que te impidan llevar a cabo tú plan de acción, requieres tener un plan de prevención, que defina cuáles son las dificultades a las que te vas a enfrentar, también debes escribirlas para que puedas verlas y analizarlas y desarrolles un plan para vencer estas dificultades. A continuación lista los obstáculos que vas a enfrentar.

1ª _____
2ª _____
3ª _____

Ya cuando tengas la lista de los problemas que vas a enfrentar, ahora ya puedes responder la siguiente pregunta, ¿qué vas hacer para que vencer las dificultades que te van a impedir que lleves a cabo tus nuevas acciones?

1ª. _____
2ª. _____
3ª. _____

Como estas iniciando a fortalecer tu voluntad es muy probable que falles, pero no debe ser gran problema, lo que tienes que hacer es estar preparado para como deber reaccionar al fallar.

Cuando falles al no hacer la nueva acción que tienes que llevar a cabo para el logro de tus metas, debes analizar porque fallaste, que obstáculo se interpuso, como lo puedes evitar, que tienes que cambiar, que debes de tener listo para la próxima vez

¿Qué no te salió bien?, ¿que no pudiste hacer?

1ª _____
2ª _____
3ª _____

¿Qué debes hacer diferente?, ¿qué debes cambiar?

1ª _____
2ª _____
3ª _____

Lista de lo que no debes de hacer

1. _____
2. _____
3. _____
4. _____
5. _____

Existen también otras maneras de fortalecer la voluntad como salirse de la zona de confort. Aceptar nuevos retos. No tener miedo al cambio. Confiar en uno mismo. Aceptar que tú debes buscar y encontrar la fuerza requerida para el cambio, que está en ti en nadie más.

Es importante que comprendas que debes aléjate del dolor. Imagina el dolor que te causaría en un futuro el no lograr tu meta. Haz el panorama más negativo posible. Busca el placer que te causaría el lograr tu meta, ¿Cuáles serían los beneficios?, ¿Qué tanta sería tu satisfacción?, ¿a quién se lo presumirías?, ¿Qué sentirían las personas que más quieres en este mundo?

Otra forma de desarrollar el musculo de la voluntad es utilizando la técnica de interrumpir el patrón de Antony Robbins. Es crucial que cuando estés frente a la tentación y la discusión interna, debes pensar en otra cosa, reflexiona sobre un tema completamente diferente, realiza una actividad en otra dirección, cambia tu acción, escucha música, baila, plática.

Otro factor es tu alimentación, ya que la glucosa es el combustible de la voluntad. Ingiere azúcar de frutas y verduras. Debes descansar tienes que dormir seis horas. Descansar es importante, se requiere energía física y mental para la acción o las acciones que vas a tener que hacer para lograr tus metas.

Una práctica que facilita que hagas lo que debes hacer es que para las acciones que debes realizar tienes que acortar el camino, prepara las cosas que necesites para facilitar el que puedas realizar tus nuevas acciones que llevaran a la meta.

Ahora bien tus metas deben ser posibles de alcanzar, inicia con metas sencillas, en la medida que vayas avanzando en el fortalecimiento de tu voluntad ve subiendo el nivel de dificultad para lograr tus metas.

Y no te olvides de prémiate por tus pequeños logros, por tus avances, pero prémiate de manera saludable. Para que puedas seguir teniendo salud y energía para continuar con tu plan que te llevara a tu objetivo.

La fuerza de voluntad es como un musculo, que con la práctica nos permite incrementar nuestra capacidad de hacer más sacrificios en aras de lograr los objetivos trazados. Esto te va a dar mayor seguridad y felicidad.

1. Creer que puede lograrlo
2. Determinar un plan de cómo se van a lograr los objetivos
3. Identificar que recursos necesita
4. Ser persistente
   Persistente mantenerse firme, no se deja vencer. Nunca renuncia a la meta, no la pierde de vista.
5. Ser perseverante
   Perseverancia mantenerse constantemente, nunca abandona.

El siguiente proceso le ayuda a desarrollar la persistencia y la perseverancia

- Determinar el propósito del logro
- Actitud de yo puedo lograrlo, no importa el sacrificio que tengo que hacer, ni el tiempo que se requiera.
- Entender que se tienen que vencer obstáculos y resolver problemas.
- Buscar soluciones creativas, experimentar nuevos caminos. prender de los errores.
- Transformar el trabajo en placer.
- Mantener el enfoque, sin distracciones, siempre alerta.

Autocontrol madurez emocional en el liderazgo

De acuerdo a Goleman (1995) para lograr el éxito los conocimientos y las habilidades técnicas que se tienen en el coeficiente intelectual contribuyen con solo el 20%, mientras que la inteligencia emocional tiene un impacto del 80%.

Daniel Goleman expone que "el intelecto no puede funcionar adecuadamente sin el uso de la inteligencia emocional". Si un líder o seguidor está molesto o estresado va a ser menos efectivo al realizar una tarea, aun y cuando tenga los suficientes conocimientos técnicos. Ya que "las competencias emocionales son tres veces más importantes que las técnicas".

Los líderes o seguidores que utilizan poco su inteligencia emocional tienen el siguiente tipo de problemas. Muestran arrogancia por sus conocimientos, sus compañeros ya no quieren trabajar con ellos, los evitan o no dan su mayor esfuerzo al trabajar con ellos, hasta se pueden volver contra ellos. Terminan sin el apoyo de la gente y por lo tanto, este tipo de resultados les afecta en el desarrollo de su carrera.

El uso de la inteligencia emocional nos ayuda a tener buenas relaciones interpersonales con nuestros compañeros de trabajo y con la familia. Es importante estar al pendiente de nuestras emociones, e identificar cuando salen a flote. Al estar estresados y lo identificamos, podemos reaccionar a tiempo y ser más cautelosos en lo que vamos a decir y hacer. Con un equilibrio emocional se pueden mejorar el liderazgo, ya que se logra una mejor comunicación, sin generar conflictos. Los talentos de todos salen a relucir. La motivación se mantiene y el compromiso se reafirma lo que nos da seguidores más persistentes para lograr más objetivos.

Para desarrollar la inteligencia emocional se deben trabajar con las competencias emocionales que están divididas en dos tipos individuales y sociales. En primer lugar las competencias de carácter individual, que son la autoconciencia y autocontrol. Para la autoconciencia se debe ser consciente de sus emociones, aplicando autoevaluaciones de sus emociones, en su forma de pensar y sentir, así ir generando autoconfianza. Para desarrollar el autocontrol de nuestras emociones debemos adaptándonos a las circunstancias, y no que las circunstancias no obliguen a hacer cosas de las que después nos podamos arrepentir.

En segundo término las competencias de carácter social, que tienen que ver en cómo nos relacionamos con otras personas. La conciencia social, es la empatía con sus seguidores, orientada al servicio. De las habilidades sociales tiene especial atención la influencia positiva, y bajo cualquier circunstancia tener la capacidad de solucionar conflictos para colaborar con los seguidores.

De acuerdo a Daniel Goleman (1995) la inteligencia emocional es la capacidad de reconocer nuestros propios sentimientos, y los sentimientos de los demás, motivarnos y manejar adecuadamente las relaciones con los demás y con nosotros mismos.

Para Peter Salovey y John Mayer (1990) quienes concibieron el concepto de la inteligencia emocional la describen como la habilidad para percibir, entender y expresar nuestras emociones adecuadamente y controlar nuestras emociones para que trabajen para nosotros y no en contra de nosotros.

El líder debe ser un gestor de las emociones de sus seguidores. Pero primero debe ser capaz de gestionar sus propias emociones, ya que un descontrol emocional de unos segundos destruye la imagen del líder o seguidor que se ha construido con el tiempo.

De acuerdo a Murguet (2013) el expresar las emociones, se deriva de un proceso de juicio, de determinar cómo me siento ante un hecho, una acción o un comentario. Se tienen las opciones de reaccionar de manera impulsiva mostrando furia o responder con tranquilidad. El proceso de gestión de la emoción inicia cuando se manifiesta un sentimiento por lo que alguien acaba de hacer o decir y te produce ira. Para eliminar ese sentimiento debes cuestionarle a esa persona que si lo puede decir o hacer de otra manera, ya que no te hace sentir bien. Al realizar este tipo de acciones te das cuenta de que eres responsable de transformar los hechos en otra realidad, te haces responsable de tus sentimientos y de tus reacciones. Se trata de siempre mantener la responsabilidad y el poder de nuestros sentimientos. En lugar de decir esta persona me ha hecho y me hace sentir mal, ya que en ese momento le estas dando el control de tu bienestar, y eso te convierte en víctima. Por el contrario al tratar de cambiar la realidad te conviertes en gestor de tus emociones.

Cada uno de nosotros tenemos un filtro para ver la realidad, podemos ver el lado positivo o el lado negativo de las cosas, esto depende de nuestras emociones. Para cambiar una emoción primero debes reconocerla e identificarla. Enfrentar esa verdad. Como cuando sentimos envidia, aunque digamos que no somos envidiosos, pero si no reconocemos cuando sentimos envidia, esa emoción negativa se queda en mí, en cambio si la reconozco y me doy cuenta que la sentí, inicio la gestión para liberarme de esa emoción negativa que me hace sentir mal.

No hay que tomarse las cosas de manera personal, de acuerdo a nuestros propios sentimientos derivados de malas experiencias en el pasado, heridas que yo tenemos por nuestro pasado, que generaron emociones negativas que se quedaron guardadas. Debemos sanar esas heridas aceptando que yo tengo allí esos sentimientos negativos que me hacen daño, y no dejar que ese sentimiento me controle. Al negarlo me lo guardo y me hace daño. El aceptarlo, empiezo a trabajar con ese hecho. Si lo expreso me ayuda a ir liberando ese sentimiento.

Lo gestiono, si lo reconozco, lo trabajo, luego lo expreso y voy con las personas a tratar de ponernos de acuerdo de cómo se debe hacer las cosas.

El proceso de gestión de una emoción se compone de tres pasos:

- Identificar la emoción. Aceptar que siento algo que me hace sentir mal, que no me gusta, que me incomoda.
- Trabajar la emoción. Reflexionar sobre por qué no me gusta. Encontrar que cosas debo cambiar para que no me sienta mal, para que no se generen esas emociones que se derivan en sentimiento negativos para mi persona.

- Expresar la emoción. Debo hablar con las personas o con alguien de confianza sobre ese sentimiento que me hace sentir mal, debo ser capaz de poder explicar que siento, porque lo siento y que circunstancia debe cambiar o aceptar si es que es un hecho que no tiene posibilidad de modificarse como el pasado. Pero es importante resaltar que si observamos bien los hechos del pasado nos enseñan, tienen mensajes o enseñanzas de vida para hacernos más fuertes.

Proceso de cambio. Me concentro en realizar aquellas acciones que van a llevarme a modificar las cosas que no me gustan, que me hacen daño. Por ejemplo a platicar con esa persona que se expresa de tal manera que me irrita o me duele lo que dice o en la forma como lo dice, hacerle que no es la forma correcta de decir las cosas. O que está haciendo algo que me afecta, y pedirle que lo haga diferente o lo deje de hacer.

En ocasiones nuestros juicios son derivados de un juez muy drástico que tenemos. Lo que debemos hacer es aceptar los hechos que ya no podemos cambiar y ver que si podemos trabajar para hacernos sentir mejor.

Para iniciar el desarrollo de nuestra inteligencia emocional debes tener la capacidad de identificar cuando una emoción empieza, ya sea en usted como líder o en los seguidores. Bradberry y Greaves (2016) en su libro de Inteligencia Emocional 2.0 mencionan que solo el 36% de las personas son capaces de identificar sus emociones cuando se presenta. Esto dice que el 64% de las personas son controlados por emociones. Estas personas ponen excusas para comportarse de mala manera, como justificar que son de carácter fuerte. Cuando el temperamento de una persona se hace presente es derivado de una emoción, y la reacción de esa emoción es lo que determina el carácter. Es en este momento cuando reaccionamos que tenemos el momento para decidir y definir cómo va a ser nuestra reacción, podemos enojarnos pero no agredir a las personas.

Cada emoción nos predispone a la acción. Por lo tanto es muy importante identificar las emociones a tiempo para logra el autocontrol. Para que pueda identificar las emociones de otras personas, primero debe ser capaz de autoanalizarse.

De acuerdo a Daniel Goleman para controlar el temperamento es necesario que cuando una emoción llega, y es el momento de alterarse uno debe detenerse, controlar el impulso y calmarse para manejar los sentimientos y pensar antes de actuar. Es importante no olvidar que uno no puede controlar qué es lo que va a sentir, ni cuando lo va a sentir ni tampoco que tan fuerte será, pero si puede uno decidir cómo reaccionar una vez que ya te diste cuenta cómo te sientes. Al momento de tratar de tener calma debes pensar en las consecuencias de tus siguientes acciones.

Goleman pone de ejemplo un mecanismo de colores que se enseñan en las escuelas, cuando estas frente a una alteración que te puede llevar a problemas graves, recuerda la luz roja, para que te detenga y te calmes. Después piensa en la luz amarilla para que pienses en las consecuencias de tus actos. Y la luz verde para escoger la mejor acción que te lleve a los resultados que tú deseas.

Para evitar los arrebatos emocionales se sugiere seguir estos pasos:

1. Te observes tú mismo. Trate de percatarse cuales son las situaciones cuando su mente de descontrola, quien o que lo provoca. Que acciones lo dispara.
2. Tengas un modelo a seguir, busque quien maneja situaciones similares a usted y que no pierda el control. Obsérvelo, vea cómo se comporta, si le puede preguntar cómo lo hace, pregúntelo e imítelo. Practiqué mentalmente

de la manera que su modelo a seguir lo hace, de manejar la furia.

3. Dase cuenta de las siguientes señales en su cuerpo derivadas de las emociones, vea como su estómago se contrae, su seño se frunce, su respiración se altera, comience a notarlo, familiarícese con estas reacciones, para que las controle, son señales del cuerpo después del impulso de la furia.

4. Corta el proceso, una vez que usted sabe reconocer su furia o su estado emocional que se está desarrollando en usted, cuente hasta diez, pregúntese puedo manejar este problema en este momento o mejor lo retomo cuando ya esté calmado... piénselo y va a notar que con el solo hecho de estar haciendo esta reflexión sus impulsos irán disminuyendo, y será más fácil manejar sus emociones. Explotar no le ayudara.

5. Si falla perdónese, aprenda de esta caída, asegúrese de hacerlo mejor la próxima la vez. Analice porque no pudo controlar su emoción, encuentre que le fallo, donde perdió el control, para que la próxima vez esté más atento y pueda tener mayor control.

Para dirigir personas la inteligencia emocional es más importante que el coeficiente intelectual. Todos los líderes cuentan con tres tipos de habilidades, habilidades de coeficiente de razonamiento analítico, habilidad técnica y habilidades basadas en inteligencia emocional, como el trabajo en equipo, la colaboración y la confianza. Esta última habilidad tienen dos veces más importancia que las primeras dos. Y a medida que es más alto el puesto dentro de la organización llegan a tomar el 85% de importancia para el logro de objetivos a través del mejor manejo de su equipo de trabajo. De acuerdo a Goleman se tienen las siguientes habilidades emocionales:

- Autoconciencia, se refiere a escuchar a nuestros pensamientos y sentimientos.

- Autocontrol de nuestras emociones. El manejo de las emociones, es la habilidad de decir no, cuando el sentido común te dice que no debes hacerlo, ser consciente del resultado de tus actos. Se tiene control de los impulsos interrumpiendo el flujo derivado del deseo de hacer algo que no va a ayudar a lograr el objetivo.
- Motivación impulso constante en mejorar, tratar de ser mejor cada día. Trabajar en hacer cambios que representan mejoría.
- Empatía la habilidad de reconocer como se sienten las personas y como se sienten. El arte de escuchar y observar a sus seguidores. Que quiere, que desea, que necesita. El responder a estos requerimientos genera confianza mutua.
- Habilidades sociales, crucial para el éxito en el mundo de los negocios, es la habilidad de persuadir, de que las cosas sucedan a través de otras personas. La capacidad de resolver conflictos donde ambas partes salgan ganando.

De acuerdo a la psicología organizacional positiva, Gómez (2014) explica que tu cerebro programa tus emociones, nuestras reacciones no son involuntarias, tus reacciones dependen de tu cerebro, derivadas de la interpretación de los hechos, resultado de las experiencias. Esta interpretación determina tus emociones y tus emociones determinan tu comportamiento. Se debe usar el cerebro para llegar a usar nuestro máximo potencial, haciéndolo voluntariamente, ya que lo que sucede en tu mente sucederá en tu exterior. Si una persona tiende a enfocarse en lo negativo, será una persona más irritante, señalar lo negativo de otras personas, de sus compañeros del jefe. Si tiendes a filtrar todo negativo, dejaras pasar las oportunidades y no asumirás nuevos proyectos y te tomaran menos en cuenta. Los tres factores que se deben trabajar para dirigir los pensamientos de nuestro cerebro son: Las creencias, derivadas de los que hemos aprendido; visualización de un gran propósito en la vida y estimular nuevas experiencias.

Lo que verbalizas tiene la capacidad de modificar tu estado mental tu cerebro, y al cambiar tu cerebro cambias tus emociones. Esto se puede lograr mediante el lenguaje. Debes verbalizar lo bueno que te sucede. Por ejemplo dar gracias de lo que te sucede. Cuando des las gracias a un compañero, explícale por qué das las gracias, que su ayuda, su esfuerzo te permitió cumplir con un objetivo y eso te hace sentir mejor, este hecho potencializa tu agradecimiento.

Para terminar el conformismo debes definir un propósito que sea desafiante, visualizar los detalles, los procedimientos y las acciones que requieres para lograr ese propósito. Este propósito seguramente te exigirá adquirir nuevas habilidades nuevos conocimientos a motivarte a la acción para vencer a la adversidad, los obstáculos y las emociones negativas.

Para lograr tus objetivos debes también que probar hacer cosas diferentes, comunicarte con otras personas y llegar a lugares diferentes. Debes eliminar el miedo de nuevas experiencias. La interpretación de las nuevas experiencias puede cambiar nuestra manera de pensar, cuando tenemos emociones positivas, los pensamientos comienzan a ser también positivos. Que nos ayudan cuando llega la adversidad. Cuando tus pensamientos están enfocados en tus objetivos y los verbalizas, generas energía positiva en tu interior, para que realices nuevos y mejores esfuerzos. En la medida que realices mayores esfuerzos adquirirás nuevas habilidades y tendrás nuevas experiencias, y tu fuerza será mayor ya que tus emociones retroalimentan a tu cerebro. Y tus comportamientos serán más asertivos para el logro de tus objetivos.

Estos conceptos son importantes en los procesos de solución de problemas, para innovación y los conflictos. Ya que en solución de un problema se requiere, primero el pensar que si puede, (pensamiento positivo), tener deseo de encontrar una solución visualizando diferentes escenarios y probar nuevas formas de hacer las cosas, (nuevas experiencias).

Y la disciplina organizacional se basa en el control de la acción, es una cultura de disciplina referenciada en el comportamiento disciplinado de líderes y seguidores que asegura el uso eficiente de los recursos así como también en la ejecución disciplinada de los procesos para el logro de objetivos.

Podemos extender la definición, la disciplina organizacional se basa en el control de la acción, para desarrollar una cultura de disciplina de control, donde se definen varios elementos como el comportamiento esperado y se desarrollan ciertas habilidades de liderazgo y seguiderazgo, la inteligencia emocional, el proceso cliente-proveedor, el trabajo estándar, la responsabilidad en los procesos y la disciplina en todos los niveles de la empresa. Y para cumplir con la tarea se deben realizar acciones con pasión, pero con inteligencia.

Existen dos tipos principales de líderes, los que son orientados a la tarea y los que se enfocan más en las relaciones. Los líderes orientados a la tarea tienen a concentrarse más en cumplir con la tarea y lograr resultados. Es un estilo estructurado, directivo y en cierto modo autocrático. En cambio los líderes orientados a las relaciones se concentran más atender asuntos interpersonales, se preocupan por evitar los conflictos y mantener una alta moral de todos los empleados. Adoptan un estilo de liderazgo participativo.

El liderazgo basado en la disciplina, es una mezcla de ambos, es un líder que se centra tanto en la tarea como en los seguidores. Si hablamos de disciplina tenemos que hablar de la acción, de la tarea. La disciplina reza que es la acción con un orden para el logro de las metas, y para tener la capacidad de controlar el orden, se debe tener autodisciplina, y los que pueden controlarse a sí mismos pueden dirigir a otros. El líder disciplinado entienden la importancia y del papel que juega el seguidor para el logro de las metas. Sabe que el binomio líder-seguidor es la fórmula necesaria para lograr resultados. Y tan la entiende que sabe que debe ser ejemplo para sus seguidores y es por ello que trabaja profundamente en el desarrollo de su autodisciplina, para poder lograr la disciplina requerida de sus seguidores y hacer la tarea con el orden requerido, en el tiempo establecido y con el comportamiento adecuado. Un líder disciplinado entiende que debe tratar bien a sus seguidores, sabe que para una buena relación con sus seguidores, debe tener control de sus emociones, y se pondrá de ejemplo ante ellos, para que hagan lo mismo, de esa manera habrá armonía en el trabajo y como equipo será más fácil vencer los obstáculos y eliminar las restricciones. Podríamos decir que el liderazgo basado en la disciplina se encuentra en el cuarto cuadrante de los líderes enfocados a la tarea y las relaciones.

Sentido de urgencia

John Kotter define el sentido de urgencia como el impulso para hacer las cosas en el acto. Las cosas buenas surgen por el sentido de urgencia. No basta solo estar enfocados en el cliente, el sentido de urgencia requiere mente y corazón.

Para todo cambio se requiere sentir la necesidad de cambiar. El sentido de urgencia demanda esfuerzo constante. Los enemigos del sentido de urgencia son auto complacencia y la falsa urgencia. La auto complacencia daña la competitividad. A veces se deriva de los éxitos del pasado. Y la falsa urgencia es generada por crisis que en ocasiones no existen. Las tácticas para fomentar el sentido de urgencia son: Explicar lo que pasa fuera de la empresa; Comportarse con urgencia todos los días; Encontrar oportunidad en las crisis; lidiar con los nonos. El Confiado, no se preocupa por el objetivo, sin sentido de urgencia, autocomplacencia, falsa urgencia. Para fomentar el sentido de urgencia el líder debe:

- Comunicar el objetivo a sus seguidores;
- Involucrar a sus seguidores a ser parte del equipo que va cumplir con la meta;
- Sensibilizar a todo el equipo a que ponga mente y corazón
- Fomentar el trabajo en equipo
- Promover el sentido de pertenencia
- Delegar la responsabilidad de lo que le toca hacer a cada uno de los seguidores
- Compartir la información con todo el equipo
- Alinear a todos los departamentos con el mismo objetivo
- Asegurarse que todos sientan la necesidad de hacer cambios cuando sea necesario.
- Reconocer a sus seguidores cuando se haya logrado la meta;

Proceso para desarrollar el sentido de urgencia

1. Definir la necesidad del cliente identificando órdenes urgentes y las prioridades.
2. Comunicar el objetivo o lista de órdenes urgentes a los seguidores.
3. Identificar obstáculos o restricciones
4. Hacer el plan de acciones para cumplir con la meta
5. Fomentar el sentido de urgencia sensibilizando a todo el equipo requerido y demandar concentrarse en las necesidades del cliente.
6. Vencer obstáculos innovando procesos, tomando decisiones de cambios requeridos en el plan.
7. Dar seguimiento al cumplimiento del plan, verificando si se lleva a cabo de acuerdo a lo planeado, revisando si surgieron problemas no contemplados para apoyar en la solución.
8. Reconocer al equipo cuando se haya logrado la meta, para continuar con la meta siguiente.

CAPÍTULO V

Cómo medir la Disciplina Organizacional (DIO)

La DIO tiene un proceso de desarrollo que va desde una categoría baja de disciplina, pasa por un proceso de madurez hasta llegar a una categoría aceptable. Cuando la disciplina en los líderes y seguidores es baja, seguramente se tendrán prácticas organizacionales indisciplinadas donde el personal no se ocupa realmente de seguir todos los procedimientos paso a paso. Este comportamiento incorrecto de los usuarios de las prácticas organizacionales, es derivado de la falta de responsabilidad de los líderes de no verificar por medio de auditorías la evidencia derivada de cada práctica organizacional. De igual manera el líder también debe revisar la forma en lo que los usuarios se están comportando al utilizar cada práctica organizacional, ya que los malos comportamientos afectaran la disciplina organizacional de la empresa y por consecuencia en los resultados.

Por el contrario si se cuenta con líderes disciplinados, ellos desarrollaran a sus seguidores a ser disciplinados, para comportarse de manera disciplinada en el uso de las prácticas organizacionales, lo que asegura una disciplina administrativa tal donde se hace lo que se debe hacer y con el comportamiento adecuando en el momento justo cuando se deben ejecutar las acciones que se requieren para resolver los problemas que impiden el logro de los objetivos y para tener buenos resultados. Esto es el reflejo de lo que se puede identificar como una DIO madura.

Partiendo de que una empresa con alta disciplinada organizacional es aquella que ejecuta los procedimientos definidos en el momento requerido y con el comportamiento adecuado, debemos comprender en cual dimensión de la DIO tenemos oportunidad de mejora en nuestra empresa. Pare ello debemos medir en cual categoría de disciplina esta cada dimensión, teniendo en cuenta que la DIO cuenta con tres dimensiones, la disciplina de sus líderes y seguidores, la disciplina en las prácticas organizacionales y la disciplina administrativa, podremos medir la disciplina de la siguiente manera.

Para medir la disciplina de los líderes y seguidores se puede determinar en el cumplimiento diario de su trabajo estándar, donde se muestra la lista de las actividades diarias, enfocadas en el logro de los objetivos de cada departamento que apoyan los objetivos de la empresa.

Como ya se mencionó anteriormente es necesario que cada líder y seguidor tenga un trabajo estándar de las actividades diarias que va a llevar a cabo en su trabajo. El trabajo estándar consiste en una lista de actividades que se deben realizar a diario para el logro de los objetivos diarios. El uso del trabajo estándar es de carácter obligatorio tanto en empleados operativos como administrativos, ya que facilita realizar el trabajo disciplinadamente, para tener un control de las actividades diarias de líderes y seguidores, ya que el trabajo estándar consiste en distribuir el tiempo de la jornada laboral entre esa lista de actividades que nos ayudaran a lograr los objetivos. Un ejemplo se puede ver en la figura 5.1. Cada media hora se tiene una serie de actividades que se deben realizar para poder lograr los objetivos diarios. En este formato el líder o seguidor va registrando durante el día el cumplimiento de cada actividad, al final de la jornada laboral cuantifica cuantas actividades cumplió y las compara contra las actividades que debería cumplir para obtener el porcentaje de cumplimiento de su trabajo estándar. Esta cuantificación la debe realizar a diario para ir midiendo su disciplina en el seguimiento del trabajo estándar. Es común que cuando se inicia el uso del trabajo estándar el porcentaje es bajo debido a que se tiene un desorden administrativo con el uso del tiempo, se debe insistir en el seguimiento diario y apegarse al horario de las actividades. Cada actividad que se va a realizar se tiene que determinar la práctica organizacional que se utilizará y la evidencia que se va a registrar de lo que se hace a diario. La elaboración del trabajo estándar debe hacerse en conjunto líder y seguidor. El líder debe darle los objetivos a su seguidor y entre los dos determinar las actividades y las prácticas organizacionales que se requieren. El líder debe auditar a sus seguidores el cumplimiento y el seguimiento disciplinado del trabajo estándar.

En la siguiente tabla se muestra un ejemplo del cumplimiento del trabajo estándar de un gerente, el 14 de enero cumplió con un 71% de las actividades programas durante el día.

TRABAJO ESTANDAR
Puesto: Gerente

Fecha: Enero 14

HORA	ACTIVIDAD	LUNES		MARTES		MIERCOLES		JUEVES		VIERNES	
		CUMPLE	SI / NO	CUMPLE	SI / NO	CUMPLE	SI / NO	CUMPLE	SI / NO	CUMPLE	SI / NO
7:00 - 7:30	Junta con personal operativo, mandos medios	SI									
7:30 - 8:00	Revisar de Métricos y Gestionar problemas importantes del día	SI									
8:30 - 9:00	Revisar trabajo estándar personal administrativo	SI									
9:00 - 9:30	Procesos de retroalimentación	NO									
10:00 - 10:30	Dirigir junta con líderes departamento y cuestionar resultados del día anterior	SI									
10:30 - 11:00	Realizar recorrido para auditar Prácticas Organizacionales	NO									
11:00 - 12:00	Juntas de los departamento de servicio. Gestión de problemas	Depto 1 SI		Depto 2		Depto 3		Depto 4		Depto 5	
12:00 - 12:30	Gestión de problemas y mejoras de los métricos	SI									
12:30 - 13:00	Revisar Prácticas Organizacionales	SI									
13:00 - 14:00											
14:00 - 14:30	Nuevos proyectos	NO									
14:30 - 15:00	Junta de los departamento de servicio. Gestión de problemas	SI									
15:00 - 16:00	Rendimiento de cuentas	Depto 1 SI		Depto 2		Depto 3		Depto 4		Depto 5	
16:30 - 17:00	Desarrollo de líderes	NO									
		10/14									
	Porcentaje de cumplimiento	71%									
PENDIENTES											

Fig. 5.1. Formato de Trabajo Estándar de un Líder

Este porcentaje debe tender al 100% y muestra la categoría de disciplina del empleado. Se puede utilizar la siguiente tabla como referencia de la categoría de disciplina del empleado.

Tabla 5.1.

Categorías de la disciplina

Seguimiento al Trabajo Estándar	Categorías de la Disciplina
0 al 50%	Baja
51% - 79%	En proceso de madurez
80% - 100%	Aceptable

Si se obtiene un porcentaje menor al 50% el resultado muestra una categoría de disciplina baja del empleado en seguimiento a su trabajo estándar. Del 51% al 79% se ubicaría en proceso de madurez de disciplina y del intervalo del 80% al 100% el empleado se ubica en la categoría de una disciplina aceptable.

Otra forma de medir la disciplina de un empleado ya sea líder o seguidor es revisando el cumplimiento de una lista de actividades como las que muestra la siguiente tabla:

AUDITORÍA DE LA DISCIPLINA LÍDER-SEGUIDOR		
Departamento:_____		Fecha:_____
Líder:_____	Auditor:_____	
ACTIVIDADES	**CUMPLIMIENTO**	**OBSERVACIONES**
Autodisciplina	SI	
Asistencia	SI	
Puntualidad	NO	Llega tarde a juntas
Uso de su equipo de protección personal	SI	
Respeta los reglamentos y políticas de la empresa	SI	
Problemas de conflictos interpesonales	NO	Se molesta facilmente con sus compañeros
Disciplina		
Sigue diariamente su trabajo estándar	SI	
Cumple con fechas compriso de sus acciones y reportes	SI	
Apoya en gestiona de los problemas	SI	
Utiliza medios de comunicación formales	SI	
Rendimiento de cuenta sus objetivos	SI	
Total de actividades a cumplir	11	
Total de actividades cumplidas	9	
Porcentaje de cumplimiento	81%	

Fig. 5.2. Formato de Auditoría de la Disciplina del Líder-Seguidor

Para medir la disciplina en el uso de las prácticas organizacionales se puede utilizar el Índice de la disciplina en el uso de las prácticas descrito en el tercer capítulo. También se puede utilizar un formato de auditoria para las prácticas organizacionales de varios departamentos. En la figura 5.2. se muestra un ejemplo donde se observan varios departamentos con una lista de prácticas organizacionales. En este proceso de auditoría se revisan los tres niveles siguientes:

- **Primer Nivel "Presente":** Si la práctica organizacional este presente, es decir si ya se instaló en esa línea de producción.
- **Segundo Nivel "Uso correcto":** Si la práctica organizacional este un buen uso el usuario está siguiendo los pasos de acuerdo a como fue capacitado y verificar si se está registrando la información necesaria en los formatos requeridos, esto es formatos de control de datos actualizados.
- **Tercer Nivel "En Control":** Verificar si hay una clasificación de causas de los problemas con sus acciones correctivas y que la tendencia de los métricos generados de las prácticas organizacionales tengan tendencia positiva,

La presencia de estos tres niveles es consecutiva, es decir, primero se debe "Instalar" la práctica organizacional en el departamento o línea de producción que requiere los siguientes pasos:

1. Crear y definición
2. Capacitar a los usuarios
3. Implementar

Cumpliendo estos tres pasos se tiene el primer nivel. Luego en el segundo nivel se verifica el "Desarrollo" de la práctica organizacional y por último en el tercer nivel se verifica si la práctica organizacional está ya en un "proceso de mejoría", de constante de innovación. Por cada una de las prácticas organizacionales a auditar se verifican estos tres niveles anteriores, se registran los resultados, se cuantifican y se obtiene el porcentaje de cumplimiento para cada estado.

Auditoría a las Prácticas Organizacionales						
Departamento:_____				Fecha:_____		
Supervisor:_____			Auditor:_____			
			Presente	Uso correcto	Control	Comentarios
Seguridad	1	Reglas de limpieza				
	2	Registro de accidentes				
	3	Auditoría de orden y limpieza				
	4	Gráfico de tendencia de la auditoria de seguridad				
	5	Inspección de la maquinaria				
	6	Equipos de seguridad limpios				
Calidad	7	Inspección primera pieza				
	8	Registro de rechazo				
	9	Registro de desperdicio				
Materiales y entrega a tiempo	10	Plan de Producción				
	11	Registro requirimiento de material				
	12	Lista de ordenes urgentes				
Ingeniería	13	Trabajo Estándar				
	14	Reloj de ritmo				
	15	Reloj para cambios de modelo				
	16	Registro de problemas				
	17	Sugerencias de mejora				
	18	Ruleta de cambios de modelo				
	19	Requerimiento de personal				
	20	Distribución de la maquinaria y equipo				
Mantenimiento	21	Mantenimiento Autonomo				
	22	Calendario del manteniviento preventivo				
	23	Lista de refacciones criticas				
	24	Registro del Mantenimiento Correctivo				
Recursos Humanos	25	Plan de capacitación				
	26	Tabla de habilidades por operador				
	27	Reconocimiento al personal				
Puntos Cumplidos						
Puntos a Cumplir						
Porcentaje de Cumplimiento						

Fig. 5.3. Formato de Auditoría de las Prácticas Organizacionales

Para medir la categoría de disciplina en el uso de las prácticas organizacionales verificar el porcentaje de cumplimiento y lo ubicamos en la categoría de disciplina utilizando la siguiente tabla 5.2.

Tabla 5.2.
Categorías de la disciplina

Utilización de de las Prácticas Organizacionales	Categorías de la Disciplina
0 al 50%	Baja
51% - 79%	En proceso de madurez
80% - 100%	Aceptable

Si se obtiene un porcentaje menor al 50% el resultado muestra una categoría de disciplina baja en la utilización correcta de las prácticas organizacionales, del 51% al 79% se ubicaría en proceso de madurez de la disciplina y del intervalo del 80% al 100% muestra una disciplina aceptable.

La disciplina administrativa se puede medir con el cumplimiento de las actividades encaminadas al logro de los objetivos de la empresa distribuidas en un calendario anualizado o en una lista de prácticas organizacionales que se deben realizar tanto para mejorar la disciplina de los líderes y seguidores, acciones para reforzar el liderazgo, así como también acciones para el logro de objetivos y control administrativo como se muestran en la figura 5.5. El proceso de auditoría a la disciplina organizacional consiste en revisar si se llevan a cabo cada uno de los puntos que tiene este formato, y también se verifica la evidencia en los registros de los formatos predeterminados para cada práctica organizacional.

AUDITORÍA DE LA DISCIPLINA ORGANIZACIONAL

Auditor:_____ Departamento:_____
Fecha:_____ Reponsable:_____

NO.	OBJETIVO	MEDIBLE	CUMPLE	Comentarios
1		PUNTUALIDAD		
2	AUTO DISIPLINA	ASISTENCIA		
3		USO CORRECTO DEL EPP		
4		TRABAJO ESTÁNDAR		
5		REGLAMENTO INTERIOR DE TRABAJO		
6		COMUNICACION FORMAL		
7		ENFOQUE A LOS PROBLEMAS-OBJETIVOS		
8		COMPROMISOS		
9	LIDERAZGO	DETECCION DE PROBLEMAS		
10		INSPIRAR		
11		APOYO A LA GESTIÓN DE PROBLEMAS		
12		RENDIMIENTO DE CUENTAS		
13		RECONOCIMIENTO		
14	LOGRO DE OBJETIVOS	FORMATO DE OBJETIVOS		
15		GRÁFICAS DE TENDENCIAS		
16		PARETO DE CAUSAS		
17		ACCIONES CORRECTIVAS		
19		JUNTA DE COMPROMISOS		
20		JUNTA DE MÉTRICOS		
21		REPORTE MENSUAL CORPORATIVO		
22		REPORTE MENSUAL EMPLEADOS		
25		RECORRIDO DE SEGURIDAD		
26	ADMINISTRATIVOS	5'S		
27		LPA		
28		MEJORA CONTINUA		
29		LISTA S DE ASISTENCIA		
30		FORMATOS DE TIEMPO EXTRA		
31		FORMATOS DE VACACIONES / PERMISOS		
32		PROCEDIMIENTO DE COMPRAS		
33		GASTOS DE VIAJE		
35		CIERRE DE MES		
		TOTAL PUNTUACION		
		TOTAL DE PUNTOS OBTENIDOS		
		PORCENTAJE DE CUMPLIMIENTO		

Fig. 5.5. Formato Auditoría de la Disciplina Organizacional

La figura 5.6. muestra los resultados de cuando se tiene presencia de las tres disciplinas se asegura el éxito en el logro de resultados. Pero cuando se tiene ausencia de una de las tres disciplinas los resultados no son positivos. En el caso de ausencia de la disciplina administrativa va a impactar en un deficiente uso de recursos, lo que conlleva a pérdidas económicas. Y cuando no se tiene disciplina en las prácticas organizacionales se van a generar muchos desperdicios derivados de los errores del personal. Por último cuando no se cuenta con líderes o seguidores disciplinados la calidad en los productos o servicios va a ser pobre y seguramente va haber presencias de comportamiento incorrectos que generan problemas y conflictos interpersonales que limitan el logro de objetivos derivándose un rendimiento bajo afectando los resultados de la empresa en consecuencia su competitividad.

Administración Disciplinada	Prácticas Organizacionales Disciplinadas	Líderes y Seguidores Disciplinados	Resultados
Presente	Presente	Presente	Éxito en el logro de los objetivos
Ausente	Presente	Presente	Aplicación deficiente de los recursos
Presente	Ausente	Presente	Implementación incorrecta del proceso y desperdicios,
Presente	Presente	Ausente	Comportamientos incorrectos, baja calidad, accidentes.

Fig. 5.6. Resultados de la Disciplina Organizacional

REFERENCIAS

Adiele, N. (2009). *Discipline and disciplinary actions in organizations.* Bussines article. http://groundreport.com/discipline-and-disciplinary-action-in-organizations/ (Consultado Noviembre 14 del 2013).

Aguirre, J. F. (2013). *Desarrollo de un modelo para mejorar la productividad laboral en la industria manufacturera de exportación.* Universidad Autónoma de Chihuahua Facultad de Contaduría y Administración Secretaría de Investigación y Posgrado. 149pp

Arvey, R. D.; Davis, G. A.; Nelson, S. M. (1984). *Use of discipline in an organization.* USA. Journal of Applied Psychology, Vol 69(3). pp 448-460

Baldoni, J. (2007). *Qué hacen los líderes para obtener los mejores resultados.* México. Mc Graw Hill. 98, 99pp

Barocio, R. (2004). *Disciplina con Amor.* México. Pax México. 183 pp

Bernardi L. M. (2015). *Nine Steps to Effective Employee Discipline* Bernardi Human Resource Law. www.hrlawyers.ca. (Consultado Abril 3 del 2015)

Bohlander, G.; Sherman, A. (2001). *Administración de recursos humanos.*

Bradberry, T.; Greaves, J. (2016). *Inteligencia emocional 2.0* Estrategias para conocer y aumetar su coeficiente. España. Conecta. 27pp
Chiavenato, I. (2001). Administración de Recursos Humanos. Colombia. Mc Graw Hill. 643pp

Collins, J. (2002). *Empresas que sobresalen.* Colombia. Norma. 20pp

Covey, S. R. (2005). *El 8° Hábito. De la efectividad a la grandeza.* México. Paidós Empresa. 82pp

Davis, K.; Newstrom J. W. (2003). *Comportamiento Humano en el Trabajo.* México. Mc Graw Hill. 287pp

DeNisi, A. S.; Griffin R. W. (2004). *Human Resource Management.* Boston, MA. Houghton Mifflin. 442pp

Dessler, G. (2001). *Administración de personal.* México. Pearson Prentice Hall. 375, 376, 377pp

Díaz, L. P. (1992). *La disciplina laboral, su origen, desarrollo y perspectiva* Revista Cubana de Derecho. Nbr. 5, Marzo 1992 pp 97-112 http://vlex.com/vid/disciplina-origen-desarrollo-perspectiva-45047849

Diedrich, W. F. (2007). *A culture of discipline.* Business Article. www.articlesfactory.com/articles/bussiness/a-culture-of-discipline.html (Consultado Octubre 19 del 2013).

Everett, A.; Ebert R. (1991). Administración de la producción y las operaciones, Editorial. Prentice Hall, México

Fayol, H. (2013). *Los principios administrativos de Henry Fayol.* https://sites.google.com/site/lawebdelosprincipiosdefayol/disciplina (Consultado Febrero 1 del 2014).

Fournies, F. F. (1993). *Por qué los empleados no hacen lo que se supone deben hacer y qué hacer para corregirlo.* España. McGraw-Hill.

Gaynor, E. B. (1997). *Abstract de conferencias de Eric Gaynor Butterfield en los Congresos de Desarrollo Organizacional: 1997-1999-2001-2002.* The Organization Development Institute International, Latinamerica. www.theodinstitute.org (Consultado febrero 2 del 2014).

Gomez, E. (2014). *Psicología organizacional positiva y motivación laboral.* Inteligencia emocional y control de la emociones. http://www.psicologialaboral.net/articulos. (Consultado junio 22 del 2015)

Granados, E. J. A. (2009). *Capacitación y Desarrollo de Personal.* México. Trillas. pp 209, 222-225

Gutierrez, P. H. (2005). *Calidad total y productividad.* México. Mc Graw Hill. pp.283

Hernández, J. (2009). *Disciplina empresarial.* Dirección del potencial humano. Perú. Universidad nacional San Luís Gonzaga de ICA, Facultad de Administración. pp 3

Imai, M. (1998). *Cómo Implementar el Kaizen en el sitio de trabajo (GEMBA). Un sistema gerencial efectivo, a bajo costo y de sentido común.* Colombia. Mc Graw Hill. 65-66 pp

Jones, G. R. (2008). *Teoría Organizacional.* Diseño y Cambio en las Organizaciones. México. Person Prentice Hall. 177,178, pp.

Jordan, M. (2001). *Mi filosofía Del Triunfo.* México. Selector. 14p.

Jasso, R. J. (2009). *Material de Lectura de la Materia Sistemas Educativos I del Programa de Doctorado en Administración UACH 2009.* México. 2, 3, 44pp

Kelley, R. E. (1992). *The power of Followership.* Doubleday. United States of America.

Kern, H. (2001). *Discipline.* Six stops to unleashing your hidden potential. United States of America. 1stBooks Library. pp 1.

Kern, H.; Ace, C. A. (2011). *Discipline take control of your life.* United States of America. Autorhouse. 1,13,25,33,47,57,67, 74, 79, 85, pp.

Kern, H.; Jensen, D.; Muniz, M. (2005). *Discipline Mentoring Children for Success.* Authorhouse. Estados Unidos Américanos. 30, 154-166pp

Lara, L. (2012). *Disciplina organizacional.*

Luthans, F. (2008). *Comportamiento Organizacional.* México. Mc Graw Hill. 452, 453 pp

Maceo, C. C. (2009). *La disciplina laboral: la esencia de los buenos resultados.* http://www.granma.cubaweb.cu/secciones/cartas-direccion/cart-045.html (Consultado Noviembre 25 del 2013).

Mann, D. W. (2005). *Creating a Lean Culture. Tools to Sustain Lean Conversions.* Estados Unidos Americanos. Productivity Press. 5 pp

Malavé, J. (1999). *Prácticas Organizacionales. Una perspectiva de procesos en la teoría de la organización.* Venezuela. Ediciones IESA. 37p

Martin, M. (2011). *Standard Operating Procedure as Organizational Discipline.* Cilacap Education System. http://www.cilacapedu.com/business-success-strategy/standard-operating-as-organizational-discipline (Consultado Diciembre 7 del 2013).

Marx, C. (2014). *Filosofía Contemporánea.*
http://www.e-torredebabel.com/Historia-de-la-Filosofia/
Filosofiacontemporanea/Marx/Marx-Trabajo.htm
(Consultado Febrero 2 del 2014)

Mendoza, N. A. (2000). *Capacitación para la calidad y la productividad.*
México. Trillas. 14, 160pp. Pp 37-139

Mendiola, M. L. (1980). *Criterios para seleccionar cursos y programas de capacitación y adiestramiento.* México. OTI: CENAPRO. pp32

Meyers, S. (2004) *Keeping the small fire department on track and in line.*
Firehouse, pp 74-78

Merriam-Webster's collegiate dictionary (10th ed.). **(1993).** Springfiel, MA. p. 300

Mondy R. W.; Noe R. M. (2005). *Administración de Recursos Humanos.*
México. Pearson Prentice Hall. 451, 452, 453, 455pp

Murguet, S. (2013). *Cómo gestionar las emociones.* España. Ámbito Cultural.

Neuropsicología de la autodisciplina (2015).
https://www.academia.edu/6848833/El_Poder_de_la_Autodisciplina_
Guia_de_Estudio (Consultado Abril 5 del 2015).

Newstrom, J. W. (2007). *Comportamiento Humano en el Trabajo.*
México. Mc Graw Hill. 236pp

Niebel, B. W.; Freivalds A. (2009). *Ingeniería Industrial Métodos, estándares y diseño del trabajo.* México. Mc Graw Hill. 541, 542pp

Nuevo Diccionario Enciclopédico ESPASA (1998). España. ESPASA CALPE. 1824, 744, 131, 527pp

Palomino, R. T. (1995). *Administración de recursos humanos.* Perú. Juris Laboral.

Pincott J. (2015). *Why we break the rules*
www.psychologytoday.com/collection/201506/why-we-break-the-rules
posted on Jul 7, 2015. Selecciones Reader´s Digest Mayo 2015 8pp

Reyes, P. A. (1978). *Administración de empresas, teoría y práctica. Primera parte.* México. Limusa.

Reglamento general de los deberes militares (1937). Reglamento publicado en el Diario Oficial de la Federación el 26 de marzo de 1937. México.
http://www.sedena.gob.mx/pdf/reglamentos/rglmto_deb_mil.pdf

Robbins, S. P. (1999). *Comportamiento Organizacional.* México. Prentice Hall. 76, 77pp

Robbins, S. P.; Coulter, M. (1996). *Administración.* México. Prentice Hall. 754 pp

Rodríguez, E. M. (2004). *Psicología de la Organización.* Manual de Seminarios y Vivencias. México, Trillas. 135pp

Rodríguez, M. D. (2005). *Diagnóstico Organizacional.* México. Alfaomega. 6ª. Edición. 25pp

Rohn. J. (2015). http://redconi.com/blog/liderazgo/15-el-valor-de-la-disciplina (Consultado Septiembre 23 del 2014).

Rue, L. W.; Byars, L. L. (2007). *Administración teoría y aplicaciones.* México. Alfaomega. pp. 28-29

Salovey, P.; Mayer, J. D. (1990). *Emotional intelligence, Imagination, Cognition, and Personality.* Estados Unidos Americanos

Sharma, R. S. (2013) *El monje que vendió su Ferrari.* México. Grijalbo, 158p.

Skinner, J. (2007). *Organizational Discipline.*
http://www.articlesphere.com/Article/Organizational-Discipline/111770 (Consultado Agosto 15 del 2013).

Snell, S. y Bohlander, G. (2013). *Administración de Recursos Humanos.* pp 560

Socconini, L. (2008). *Lean Manufacturing paso a paso.* México. Norma. pp 350.

Srinivasan, M. M. (2004). *Streamlined.* 14 Principles for Building & Managing The lean Supply Chain. USA. Thomson. 153pp
Turek, B. (2013). *What Is Organizational Discipline?*
http://www.ehow.com/info_8681542_organizational-discipline.html (Consultado Agosto 15 del 2013).

Urichuck. B. (2009). *Discipline is an Effective Habit.* www.articlesfactory.com/articles/self-help/discipline-is-an-effective-habbit-habit-html. (Consultado Octubre 19 del 2013).

Valdés, M. P. (1988). *Tiempo, disciplina de trabajo y capitalismo industrial.* Conferencia en torno a E. P. Thompson, preparada para el curso de *Cambio Social y Cultural* Administración de recursos humanos Teodosio Palomino Ramírez http://sbiblio.uandina.edu.pe/cgibin/koha/opacsearch.pl?q=au:Teodosio%20ª.%20Palomino

Valenzuela, M. I. (2010). Mejores Prácticas Corporativas. De la revolución industrial a la crisis económica. IMMPC. México. RR Donnelley. 7pp

Valladares, D. (2015). *La indisciplina en el trabajo.* http://www.audalia.com/blog/2012/10/indisciplina-en-el-trabajo/ (Consultado Agosto 22 del 2015)

Werther, W. B.; Davis, K. (2008). *Administración de recursos humanos. El capital humano de las empresas.* México. Mc Graw Hill. 453pp